2017 汉中统计年鉴

HAN ZHONG STATISTICAL YEARBOOK

《漢中賦》

漢中勝地，史傳悠久。維天有漢，鑒若有光；維地有漢，育我家邦。北依秦嶺，

甘隴，東控荊吳。襟帶漢漾，毗秦通蜀。金甌玉盆，鍾靈毓秀；處南北分水嶺，居物阜膏腴地。

秦嶺聚寶盆，自古肥沃錦綉地，歷來英雄逐鹿疆。

漢上文明，拓荒亙古。混沌初開，天地汪洋，嶓冢濫觴，大禹導漾，東流成勢，匯聚漢江。

蹤，踐草為徑，踏波而歌，沃野耕耘，波濤漁棹。商周兆基，褒姒傾國，秦王築城，始為漢中。

國風，漢上游女蹈清波。

漢王劉邦，秣馬厲兵，壘壇拜將，韓信宏圖，明修暗渡定三秦，逐鹿中原蕩群雄，漢中開漢業，

江山，彰泱泱數千年中華文化。漢水、漢中、漢王、漢朝、漢族、漢人、漢字、漢文化，稱謂傳唱，

蕩，聲名海外。

漢風漢韵，別樣迥異。湖廣填陝，南北融合，五方雜居，和諧融融。民俗兼四鄰，語音揉秦蜀，

地域特色鮮明，漢調桄桄，儺戲社火，巴山情歌，紅色歌謠，存氐羌遺風，匯秦蜀豪賦

中国统计出版社
China Statistics Press

汉中市统计局编

图书在版编目（CIP）数据

汉中统计年鉴. 2017 / 汉中市统计局编. -- 北京 : 中国统计出版社, 2017.10
ISBN 978-7-5037-8358-6

Ⅰ. ①汉… Ⅱ. ①汉… Ⅲ. ①统计资料－汉中－2017－年鉴 Ⅳ. ①C832.413-54

中国版本图书馆CIP数据核字（2017）第231359号

汉中统计年鉴-2017

作　　者 / 汉中市统计局
责任编辑 / 陈越月
装帧设计 / 孟永松
出版发行 / 中国统计出版社
地　　址 / 北京市丰台区西三环南路甲 6 号 邮政编码 /100073
电　　话/邮购（010）63376909 书店（010）68783171
网　　址 / http://csp.stats.gov.cn
印　　刷 / 汉中市金鼎盛彩印标牌有限责任公司
经　　销 / 新华书店
开　　本 / 890mm × 1240mm 1/16
字　　数 /235.88 千字
印　　张 / 8 彩页 0.5 印张
版　　别 / 2017 年 10 月第 1 版
版　　次 / 2017 年 10 月第 1 次印刷
定　　价 /220 元

如有印装差错，由本社发行部调换。

《汉中统计年鉴—2017》

编辑委员会

编者说明

一、《汉中统计年鉴—2017年》是一部全面系统反映汉中市经济社会发展状况的资料性年刊。

二、全书内容分为13部分。1.综合；2.国民经济核算；3.人口、从业人员和工资；4.建筑业、固定资产投资和房地产；5、财政、金融和保险；6.价格指数和居民收入；7.农业；8.工业和能源；9.贸易；10.运输、邮电和服务业；11.科技、教育、文体和卫生；12.县域经济；13.城市比较。为方便读者使用，各篇章前设有简要说明，列示主要统计指标提要，后面附主要统计指标解释。

三、本年鉴数据以2016年为主，部分数据列示上年或重点年份的资料。

四、本年鉴数据以统计部门年报资料为主，其他数据来源见表下注释。

五、本年鉴全国各省、直辖市、自治区主要指标资料来源于《陕西统计年鉴—2017》，部分数据为初步统计数据。

六、本年鉴表中的符号使用说明："…"表式数据不足本表最小单位；"空格"表式该项统计指标数据不详或无该项数据；"#"表式其中项。

主要指标

生产总值 1156.49亿元

人均生产总值 33597元

205.74亿元
第一产业增加值

495.03亿元
第二产业增加值

455.72亿元
第三产业增加值

344.63万人
年末常住人口

384.14万人
年末户籍人口

132.96户
年末户籍户数

1209.89亿元
全社会固定资产投资额

369.17亿元
社会消费品零售总额

353.71亿元
规模以上工业增加值

金融机构人民币存款余额
1752.53亿元

680.21亿元
金融机构人民币贷款余额

105.67亿元
财政总收入

280.17亿元
财政支出

45.19亿元
地方财政收入

25595元
城镇常住居民人均可支配收入

8855元
农村常住居民人均可支配收入

102.0
居民消费价格指数（CPI）

生产总值总量及增速

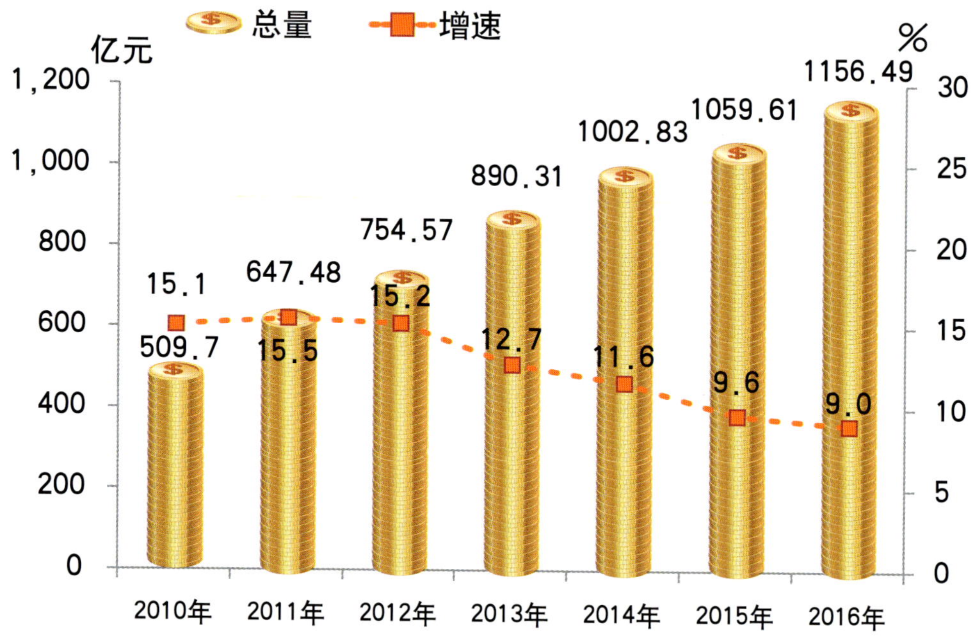

人均生产总值总量及增速

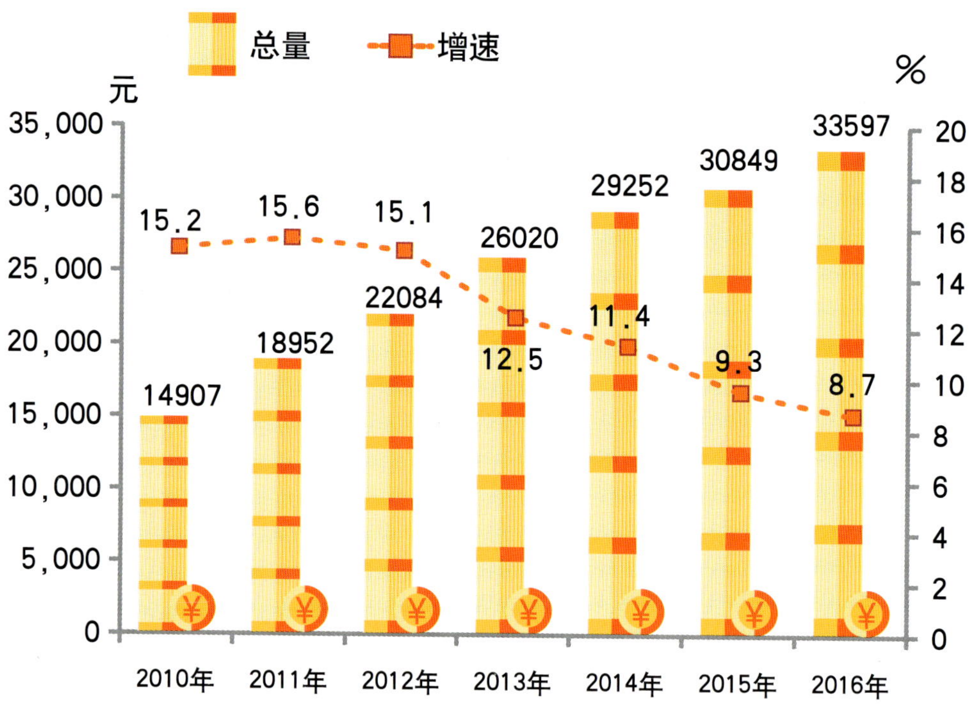

三次产业结构

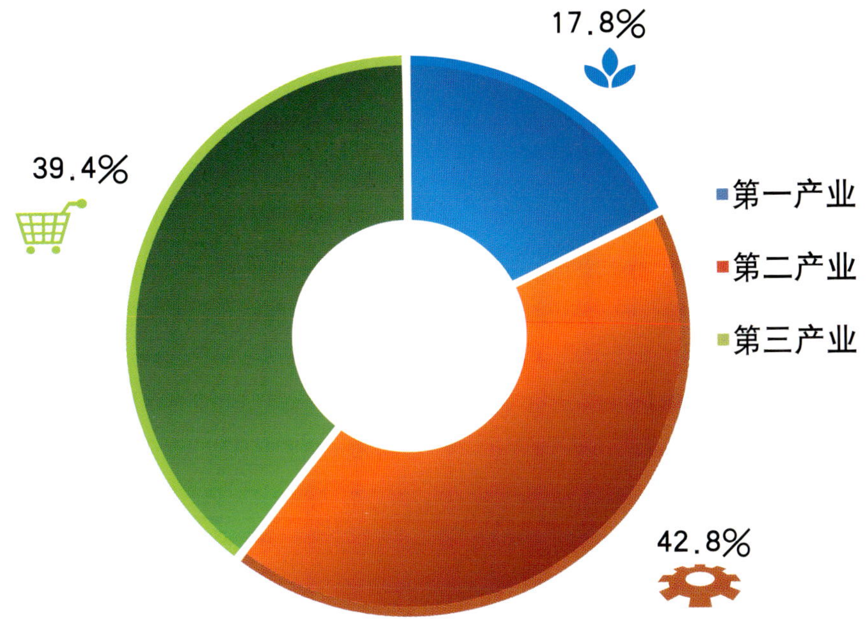

农林牧渔业总产值及增速

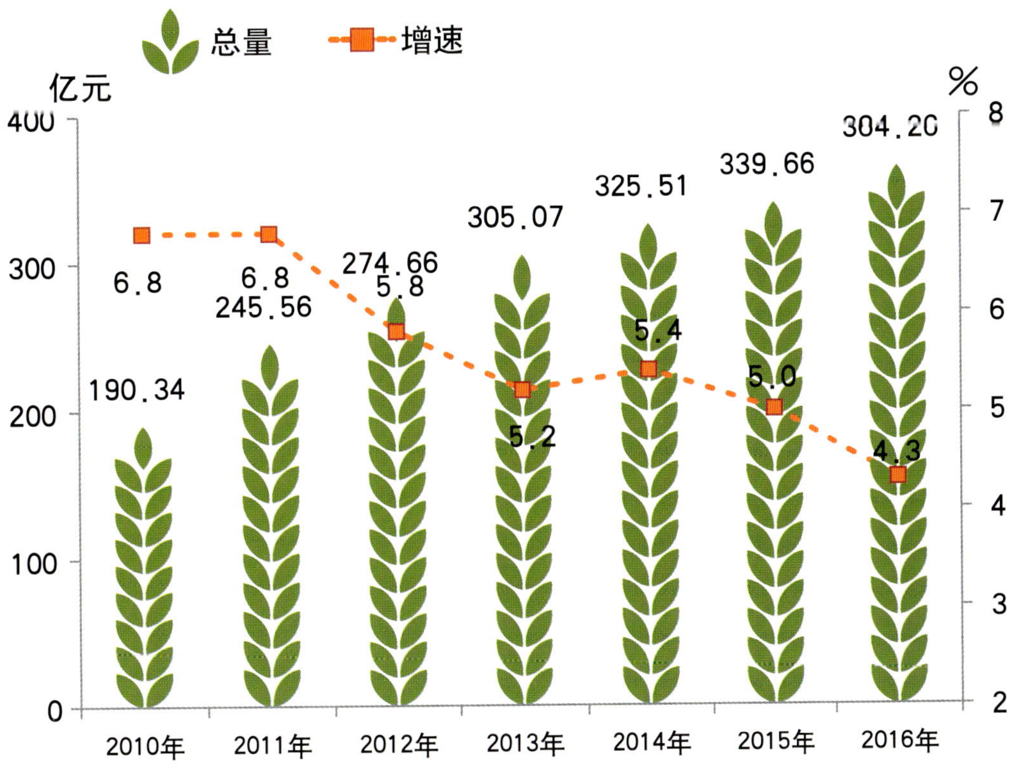

规模以上工业总产值及增速

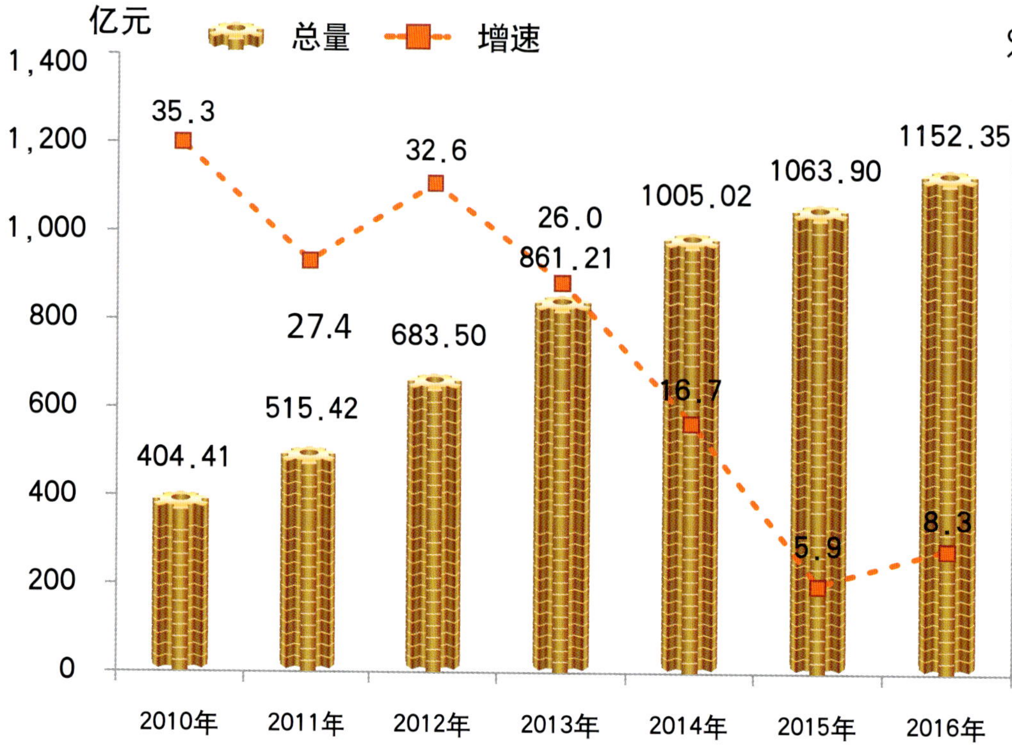

全社会固定资产投资及增速

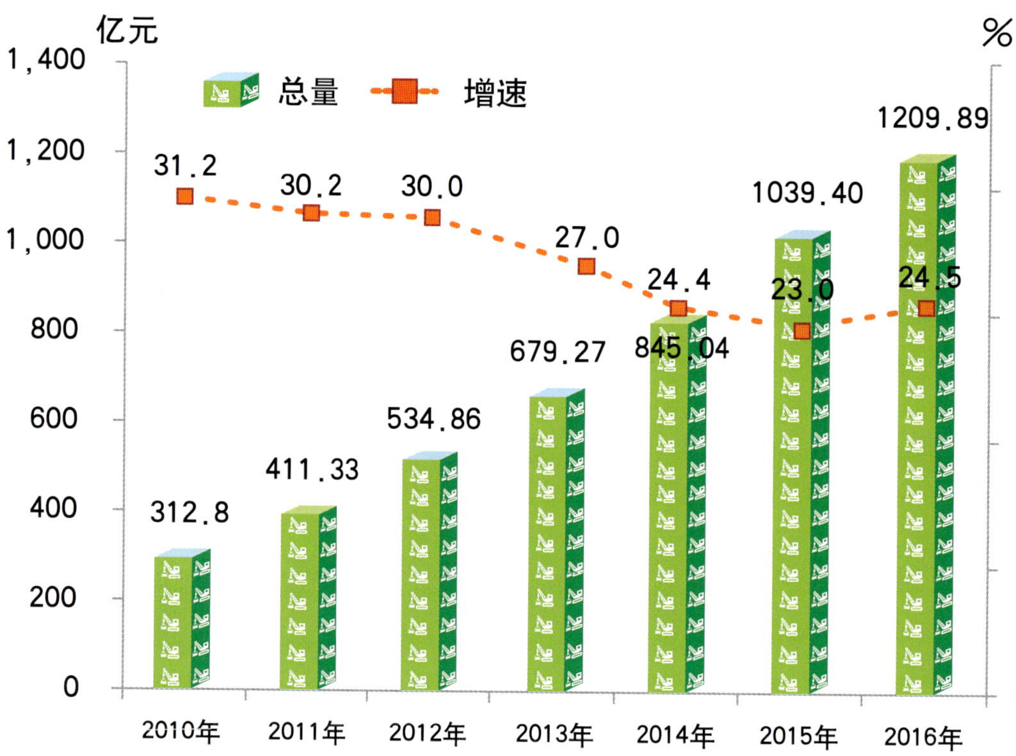

地方财政收入及增速

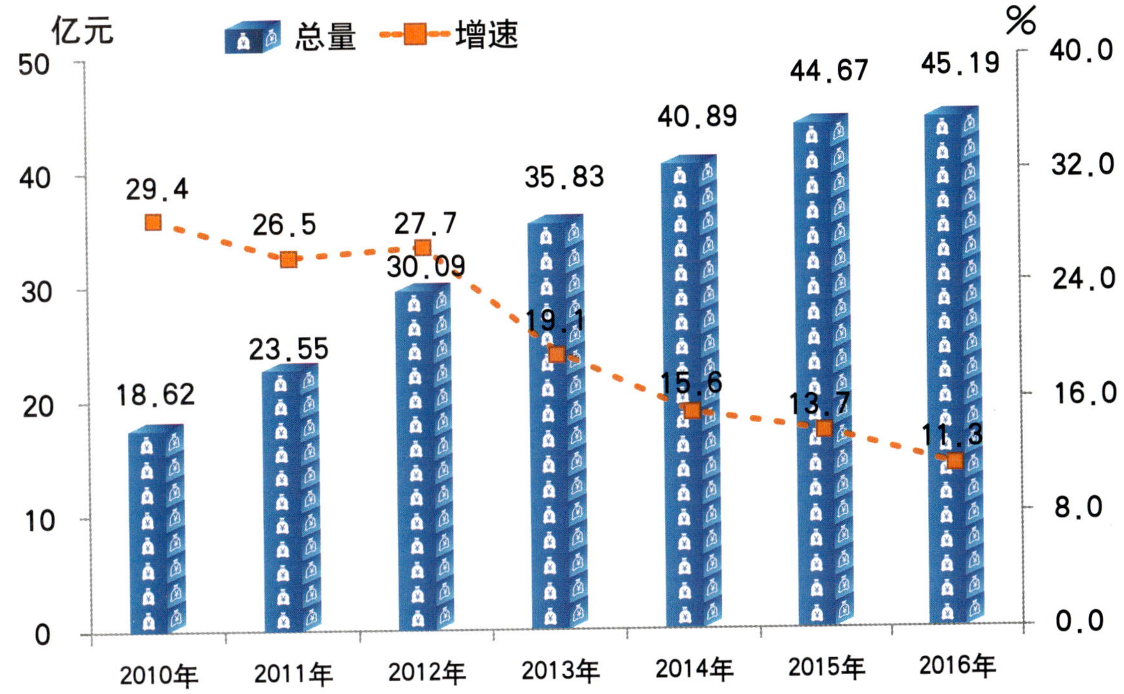

常住人口及城镇化率

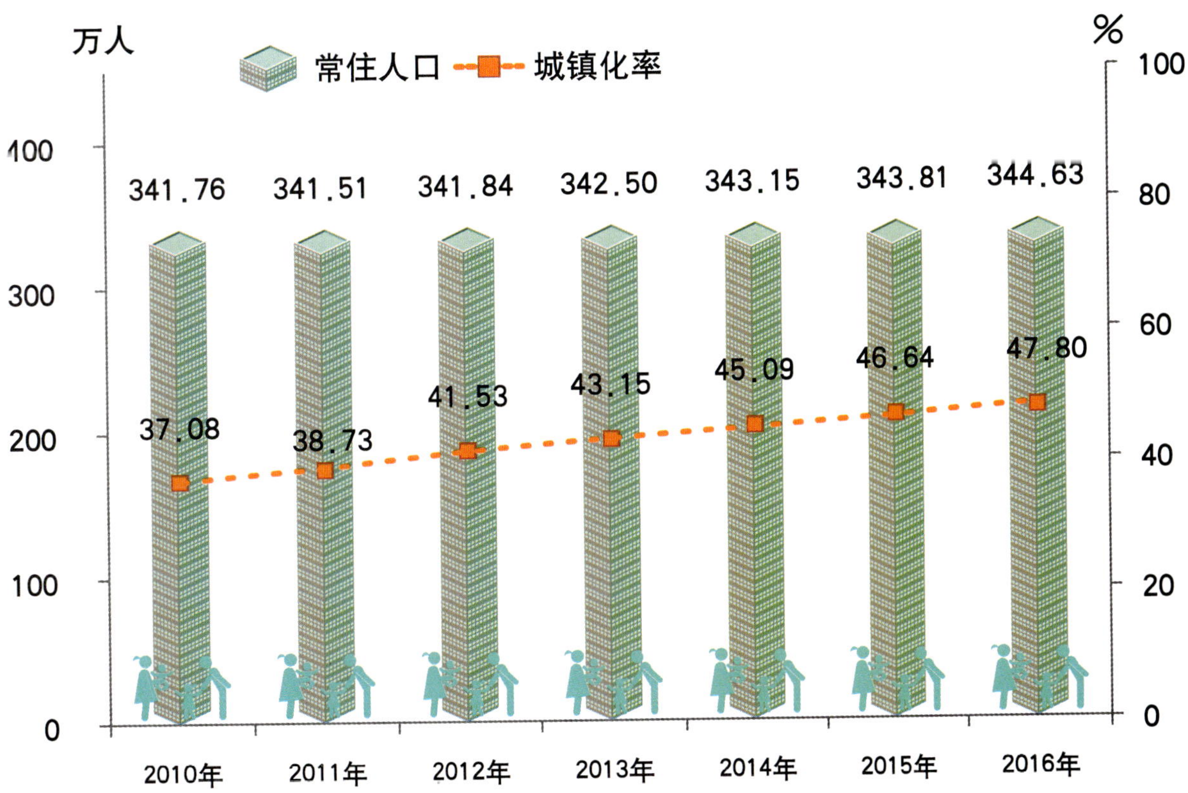

社会消费品零售总额及增速

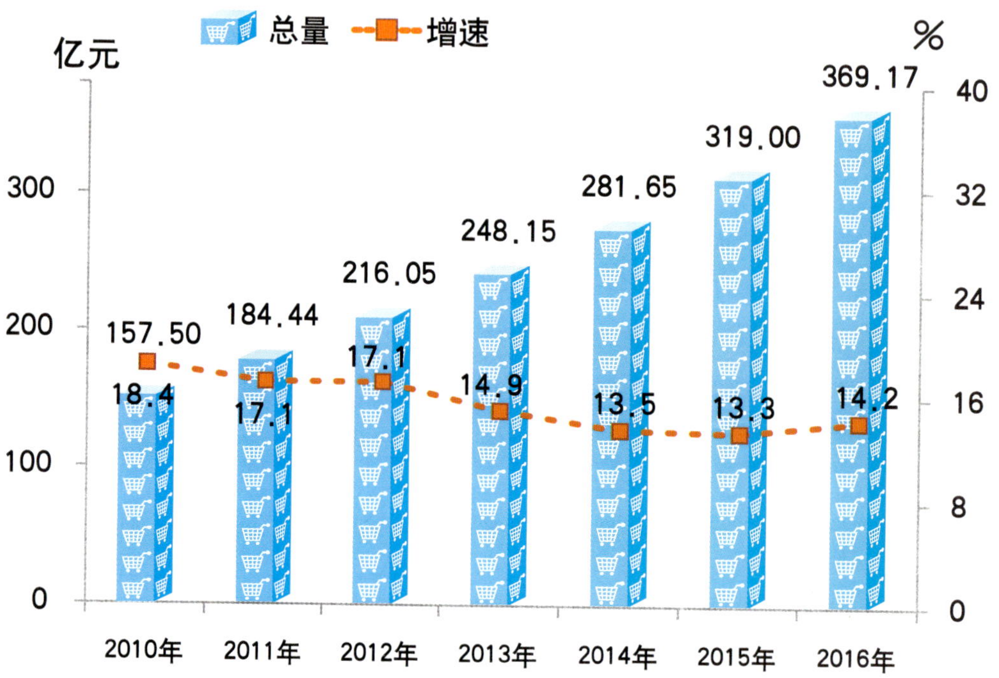

全体居民人均可支配收入15678元

增长9.0%

城镇常住居民人均可支配收入25595元，增长8.3%。

农村常住居民人均可支配收入8855元，增长8.5%。

目 录

三、人口、从业人员和工资

四、建筑业、固定资产投资和房地产

五、财政、金融和保险

六、价格指数和居民收入

七、农业

八、工业和能源

九、贸易

十、运输、邮电和服务业

十一、科技、教育、文体和卫生

十二、县域经济

十三、城市比较

汉中市 2016 年国民经济和社会发展统计公报

汉中市统计局

（2017 年 3 月 13 日）

2016年，面对错综复杂的宏观经济形势和艰巨繁重的改革发展任务，全市上下认真贯彻落实中省决策部署，切实践行五大发展理念，深入推进供给侧结构性改革，紧扣追赶超越、绿色循环、转型升级主基调，全力推动“十三五”开好局、起好步，为更高水平建设“三市”奠定了坚实基础。

一、综合

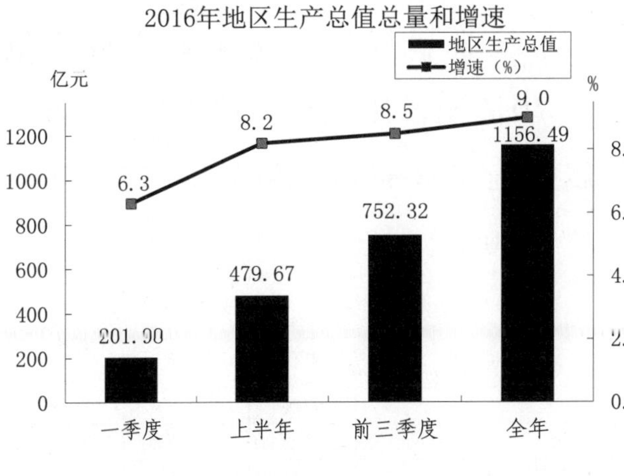

实现生产总值1156.49亿元，按可比价格计算，增长9.0%；其中，第一产业增加值205.74亿元，增长4.5%；第二产业增加值495.03亿元，增长10.7%；第三产业增加值455.72亿元，增长9.1%。人均生产总值33597元。非公有制经济增加值占生产总值比重为51.5%；战略性新兴产业增加值增长12.5%。

地区生产总值中，第一、第二和第三产业增加值占比分别为17.8%、42.8%和39.4%。与2015年相比，第一产业占比下降0.2个百分点，第二产业占比下降1.2个百分点，第三产业占比提高1.4个百分点。

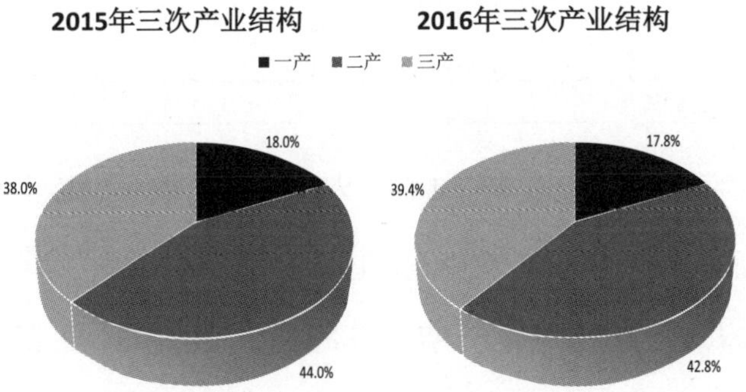

二、农业

农林牧渔业完成总产值364.26亿元，增长4.3%；实现增加值212.65亿元，增长4.4%。其中，农业产值216.22亿元，增长6.2%；林业产值14.58亿元，增长7.1%；牧业产值115.48亿元，增长0.6%；渔业产值5.44亿元，增长9.1%；农林牧渔服务业产值12.53亿元；“猪、药、茶、菜、渔”产业产值224.71亿元，占农林牧渔业总产值比重为61.7%。

2016年农业主要产品产量

产品名称	单位	总量	增速（%）
粮食	万吨	103.65	0.5
油料	万吨	19.20	0.0
中药材	万吨	18.21	5.4
茶叶	万吨	3.85	8.1
蔬菜	万吨	242.71	6.8
水果	万吨	46.26	1.5
肉类总产量	万吨	33.01	-0.7
其中：猪肉	万吨	28.7	-0.8
奶类	万吨	1.33	-2.9
其中：牛奶	万吨	1.16	-2.8
禽蛋	万吨	7.38	1.3
大牲畜年末存栏	万吨	29.66	0.6
牛年末存栏	万头	29.60	0.6
生猪年末存栏	万头	258.27	-2.5
羊年末存栏	万头	34.84	-1.2
家禽年末存栏	万只	1110.26	-1.2
大牲畜出栏	万头	10.75	1.0
牛出栏	万头	10.75	1.0
生猪出栏	万头	405.00	-0.5
羊出栏	万只	26.76	1.9
家禽出栏	万只	1414.3	-1.1

粮食播种面积399.42万亩，比上年减少1.66万亩；粮食总产量103.65万吨，增长0.5%。其中：夏粮26.24万吨，秋粮77.41万吨。油料种植面积125.87万亩，比上年减少0.09万亩。

中药材种植面积144.81万亩，比上年增加2.03万亩；茶园面积100.16万亩；蔬菜种植面积97.67万亩，增加0.75万亩；园林水果面积59.62万亩。

三、工业、能源

规模以上工业完成产值1145.07亿元，比上年增长7.5%。其中，轻工业完成产值375.70亿元，增长10.4%；重工业完成产值769.37亿元，增长6.1%。

2016年规模以上工业增加值总量和增速

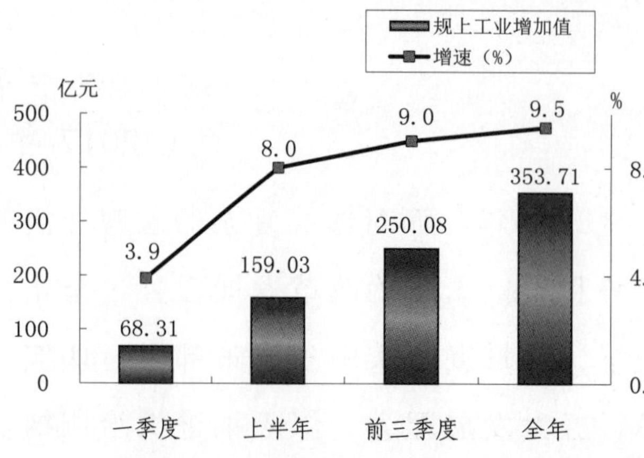

规模以上工业34个大类行业中28个保持增长，其中，23个行业增幅超过10%。装备制造业、有色冶金、能源化工和食品工业四大支柱产业完成总产值947.34亿元，增长5.6%。

中、省属规模以上工业完成产值433.70亿元，比上年下降4.1%；市、县属规上工业完成产值711.37亿元，增长16.0%。

2016年规模以上工业主要产品产量

产品名称	单位	总量	增速（%）
原煤	万吨	234.96	-0.8
发电量	亿千瓦时	62.70	28.4
铁矿石原矿量	万吨	78.80	-25.2
十种有色金属	万吨	48.88	12.7
其中：锌	万吨	47.03	12.5
饮料酒	千升	89779	3.7
卷烟	亿支	210.00	-3.4
硫酸（折100%	万吨	46.24	6.3
农用氮、磷、钾肥（折纯）	万吨	22.78	-7.5
中成药	吨	5516	24.1
水泥	万吨	663.33	-5.0
钢材	万吨	265.20	-20.4
粗钢	万吨	347.11	-9.7
白银	千克	19666	-3.8
变压器	万千伏安	626.57	-2.2
金属切削机床	台	1471	-3.9

规上工业产销率为93.8%；实现利润41.79亿元，比上年增长22.9%。

规上工业能源消费总量405.11万吨标准煤，比上年增长1.9%。工业用电量49.37亿千瓦时。

四、投资、建筑

全社会固定资产投资完成1209.89亿元，比上年增长24.5%。其中，固定资产投资完成1061.25亿元，增长20.9%。亿元以上重大施工项目178个，较上年增加65个，亿元以上项目完成投资353.36亿元，增长93.9%。

房地产开发投资完成85.4亿元，比上年增长25.2%；房屋施工面积868.31万平方米，下降5.1%；商品房销售额50.11亿元，增长22.3%。

2016年固定资产投资总量和增速

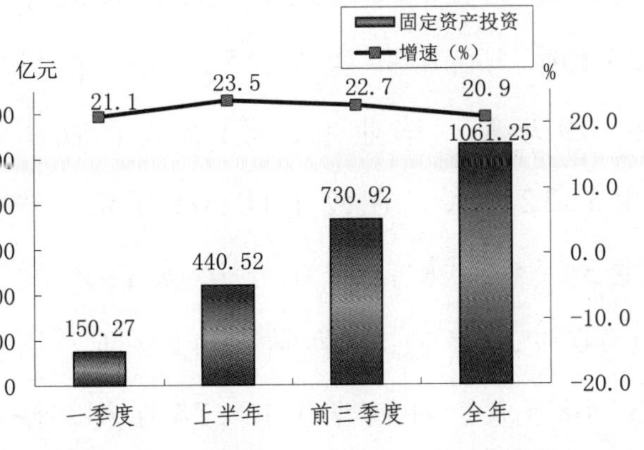

重点项目332个，完成投资542.77亿元，其中：25个收尾项目完成投资19.89亿元；95个续建项目完成投资444.52亿元；86个新开工项目开工建设84个，完成投资78.36亿元。

资质以上建筑施工企业完成总产值178.17亿元，比上年增长22.7%。其中，建筑工程产值完成170.78亿元，增长22.6%；竣工产值98.81亿元，增长6.3%。签订合同金额309.01亿元，增长20.7%。建筑业劳动生产率达到29.25万元/人。

五、贸易、物价

实现社会消费品零售总额364.17亿元，比上年增长14.2%。按经营单位所在地分，城镇消费品零售额297.28亿元，增长13.9%；乡村消费品零售额66.89亿元，增长15.3%；按消费形态分，商品零售额320.97亿元，增长13.8%，餐饮收入43.20亿元，增长16.5%。

2016年社会消费品零售总额和增速

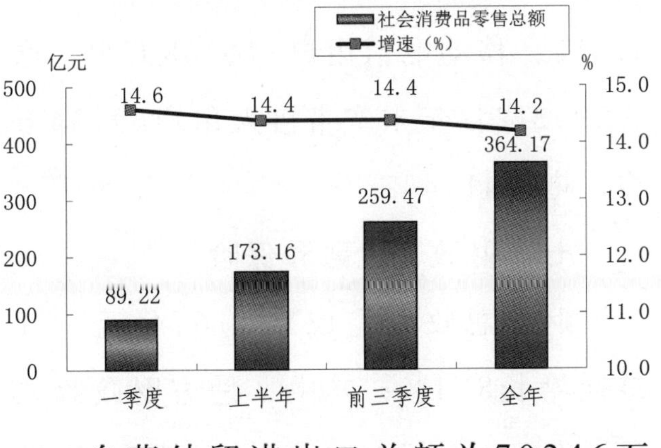

自营外贸进出口总额为70246万元，比上年增长26.8%。其中，出口47960万元，增长10.6%；进口22285万元，增长85.3%。

居民消费价格上涨2.0%；其中，城市上涨1.9%，农村上涨2.3%。八大类中，食品烟酒类上涨4.4%，衣着类上涨2.8%，教育文化和娱乐类上涨

1.4%，居住类、医疗保健类均上涨1.1%，其他用品和服务类上涨2.3%，生活用品及服务类下降0.9%，交通通信类下降0.2%。商品零售价格上涨0.5%，农业生产资料价格上涨1.2%。

六、交通、邮电

年末民用车辆拥有量57.03万辆。其中，载客汽车19.84万辆，载货汽车2.22万辆。

公路客运量2303万人次，公路货运量3835万吨。

邮电业务总量73.93亿元，比上年增长57.3%。其中，电信业务总量67.50亿元，增长61.7%；邮政业务总量6.43亿元，增长24.0%。年末固定电话装机用户47.16万户，下降5.4%；移动电话用户346.68万户，增长22.3%；年末宽带接入用户49.34万户，增长41.4%。

七、财政、金融和保险

财政总收入完成105.67亿元，同口径增长8.1%；其中，地方财政收入45.19亿元，同口径增长11.3%。财政支出280.17亿元，增长8.3%。

年末金融机构各项人民币存款余额1752.53亿元，比年初净增加160.61亿元，其中，城乡居民储蓄存款1216.00亿元，比年初净增加136.83亿元。金融机构各项人民币贷款余额680.21亿元，比年初净增加49.67亿元。其中，短期贷款余额46.24亿元，比年初净增加8.87亿元；中长期贷款余额205.56亿元，比年初净增加19.96亿元。

保险业保费收入46.98亿元。其中，财产险保费收入9.76亿元，人寿险保费收入37.22亿元。各类保险赔款给付支出12.28亿元。其中，财产险赔款支出4.33亿元，人寿险赔付支出7.95亿元。

八、教育、科技

拥有普通高等学校3所，研究生教育招生186人，在校研究生411人，毕业生164人；普通高等教育本专科招生1.21万人，在校生4.16万人，毕业生1.10万人。中等职业教育学校13所，招收学生0.47万人，在校学生1.64万人，毕业生0.64万人。共有普通中学211所，高中招生2.75万人，在校生8.09万人，毕业生2.61万人；初中招生3.32万人，在校生10.01万人，毕业生3.56万人，初中学龄人口入学率100%。普通小学学校489所，招生3.44万人，在校学生19.74万人，毕业生3.28万人，小学学龄儿童入学率100%。

共取得科技成果56项，达到国际先进水平1项，国内领先和国内先进水平48项。专利申请量2553件，比上年增长80.0%，其中，发明专利500件，实用新型专利1173件，外观设计专利880件。专利授权1110件，比上年增长14.1%，其中，发明专利96件，实用新型专利667件，外观设计专利347件。

九、文化、卫生和体育

拥有剧场4个，公共图书馆11个，图书总藏量96.5万册；广播及电视发射台11座，拥有发射机82部，电视人口覆盖率99.1%，广播人口覆盖率98.3%。

拥有各类卫生机构1037个（不含村卫生室），床位数2.06万张。卫生技术人员21882人，其中执业（助理）医师6660人，注册护士8308人，药师（士）1260人，技师（士）1222人。年末新型农村合作医疗参合率99.9%。

群众体育场地面积513.63万平方米，其中县区全民健身基地面积110.78万平方米。新建体育场地422个（块），其中农村健身场404个（块），城镇健身场18个（块），新建场地总面积33.78万平方米，完成投资1934万元。截止年末共有体育俱乐部15家，体育社团组织26个。

十、城建、环保

城镇基础设施建设累计完成投资415.35亿元。新增城镇建成区面积32.3平方公里，新建、改建道路141.2公里，新增公园绿地面积229.2公顷。中心城市城建重点项目完成投资309.35亿元，14条市政道路拓宽改造完成。25个重点镇建设共开工219个重点项目，累计完成投资52.3亿元。

市中心城区环境空气质量二级和好于二级天数270天，优良率达到73.8%。市中心城区和10个县城区环境空气二氧化硫、二氧化氮、臭氧、一氧化碳年均浓度均符合国家《环境空气质量标准》二级标准；市中心城区、勉县城区可吸入颗粒物（PM10）年均浓度超过二级标准，其余县城区符合二级标准；市中心城区、城固县和西乡县城区细颗粒物（PM2.5）年均浓度超过二级标准，其余县城区符合二级标准。

境内汉江干流8个监控断面年均值符合水域功能区划标准。重点湖库水质符合国家Ⅱ类水质标准，14个城市集中式饮用水源地水质所测项目全部合格。

市中心城区和7个县城区域噪声环境质量，南郑县和镇巴县为“好”，洋县、城固县和西乡县为“较好”，市中心城区和勉县为“一般”，略阳县为“较差”。市中心城区及各县城区均未出现酸雨。

十一、人口、民生和社保

户籍总人口384.14万人，其中：城镇人口110.05万人。常住人口344.63万人，出生率为9.98‰，死亡率为7.26‰，自然增长率为

2.72‰；常住人口城镇化率为47.80%。

城镇新增就业5.56万人，失业人员再就业1.89万人，就业困难人员再就业1.02万人。发放创业担保贷款4.54亿元。劳务输出81.67万人，职业技能培训22.37万人，劳务输出创收175.61亿元。城镇登记失业率为3.15%。

城镇常住居民人均可支配收入25595元，增长8.3%；农村常住居民人均可支配收入8855元，增长8.5%。

城镇职工医疗保险参保人数37.89万人，城镇居民医疗保险参保人数40.99万人，城镇企业职工基本养老、失业、工伤和生育保险参保人数分别为39.40万人、23.18万人、31.13万人和21.25万人。城乡居民社会养老保险参保人数200.3万人。城市低保人数4.58万人，发放保障金1.7亿元，农村低保人数14.7万人，发放保障金3.2亿元。优抚补助3万人，发放抚恤金2.25亿元。全市已建成各类社会养老服务机构728所，床位23847张，年末在院人数9382人。

注释：

[1]本公报中数据均为初步统计数。个别数据因四舍五入的原因，存在着分项与合计不等的情况。

[2]地区生产总值、各产业增加值绝对数按现价计算，增长速度按不变价格计算。

[3]本公报中，重点项目投资数据来自市发展和改革委员会；对外贸易数据来自西安海关；公路里程数据来自市交通运输局；车辆数据来自市交警支队车辆管理所和市农机管理站；公路运输数据来自市运管处；邮政数据来自市邮政管理局；固定电话、移动电话、宽带数据分别来自中国电信汉中分公司、中国移动汉中分公司、中国联通汉中分公司；财政税收数据来自市财政局；金融数据来自人民银行汉中支行；保险业数据来自市保险协会；教育数据来自市教育局；高校数据分别来自陕西理工学院、陕西航空职业技术学院、汉中职业技术学院；专利申请数据来自市科学技术局；文化事业数据来自市文化广电新闻出版局；体育事业数据来自市体育局；市政建设数据来自市城乡建设规划局；环境保护数据来自市环境保护局；户籍人口、城镇人口数据来自市公安局；就业、社保数据来自市人力资源和社会保障局；社会低保和救助数据来自市民政局。

一、综 合

2016年汉中市

生产总值	1156.49亿元	比上年增长9.0%
农林牧渔业总产值	364.26亿元	比上年增长4.3%
规模以上工业增加值	353.71亿元	比上年增长9.5%
全社会固定资产投资	1209.89亿元	比上年增长24.5%
社会消费品零售总额	369.17亿元	比上年增长14.2%
地方财政收入	45.19亿元	比上年增长11.3%
财政支出	280.17亿元	比上年增长8.3%
城镇常住居民人均可支配收入	25595元	比上年增长8.3%
农村常住居民人均可支配收入	8855元	比上年增长8.5%

1-1 行政区域(2016年)

地 区	镇街道办事处（个）		村委会（个）	居委会（个）
		镇	街道办		

地 区	镇街道办事处（个）	镇	街道办	村委会（个）	居委会（个）
汉中市	**176**	**152**	**24**	**1948**	**264**
汉台区	14	7	7	172	67
南郑县	21	20	1	288	19
城固县	17	15	2	232	40
洋 县	18	15	3	271	14
西乡县	17	15	2	179	36
勉 县	18	17	1	173	25
宁强县	18	16	2	200	13
略阳县	17	15	2	145	19
镇巴县	20	19	1	160	23
留坝县	8	7	1	75	1
佛坪县	7	6	1	44	1
开发区	1		1	9	6

注：数据来源于汉中市民政局。

1-2 土地面积与人口密度(2016年)

地 区	人口 (人)	土地面积 (平方公里)	密度 (人/平方公里)
汉中市	**3841351**	**27246**	**141**
汉台区	570464	556	1026
南郑县	565324	2849	198
城固县	542652	2265	240
洋 县	449316	3206	140
西乡县	414504	3204	129
勉 县	427620	2406	178
宁强县	326567	3243	101
略阳县	185297	2831	65
镇巴县	284125	3437	83
留坝县	42520	1970	22
佛坪县	32962	1279	26

注：数据来源于汉中市公安局、汉中市民政局。

1-3 主要矿产和其它矿产查明资源储量(2016年)

矿 产	矿区数	单 位	储 量	基础储量	资源储量
煤 炭	6	千吨			56944.03
铁 矿	22	矿石 千吨		106893.24	284231.37
锰 矿	8	矿石 千吨		2541.98	10769.52
铜 矿	10	铜 吨			85137.62
铅 矿	5	铅 吨		79.28	133914.32
锌 矿	6	锌 吨		1569.84	506155.57
铝 土 矿	2	矿石 千吨			566.91
镍 矿	1	镍 吨		96146.38	261522.86
钼 矿	1	钼 吨			5533
锑 矿	1	锑 吨			792.5
金 矿	22	金 千克		4089.29	33668.79
硫 铁 矿	5	矿石 千吨			11333.96
磷 矿	12	P_2O_5 千吨		5302.01	104113.1
铬 矿	2	矿石 千吨			6.38
钛 矿	2	高钛矿物 吨			2811933
钒 矿	5	V_2O_5 吨			321063
钴 矿	3	钴 吨		3514.25	11555.48
银 矿	3	银 吨			163.64
重 晶 石	1	矿石 千吨			43.5
石 墨	3	晶质石墨 千吨			4631.1
石 棉	2	石棉 千吨		1906.83	2526.73
石 膏	3	矿石 千吨	929.16	992.9	426954.44
水泥用灰岩	17	矿石 千吨	252748.2	334505.5	1351655.8
膨 润 土	2	矿石 千吨	36024	48032	62926
饰面用辉石岩	3	矿石 千立方米	530	710	3730
饰面用大理岩	5	矿石 千立方米	27627.95	36632.45	73155.6
玻璃硅质原料	7	矿石 千吨	17800	23800	178099.1

注：数据来源于汉中市国土资源局。

1-4 国民经济和社会发展主要指标

指 标	单 位	2016年	2015年	2016年比2015年±%
一、人口劳动力和耕地面积				
(一) 年末总人口（户籍）	万人	384.14	385.21	-0.3
年平均人口	万人	384.68	384.67	0.0
人口出生率（抽样调查）	‰	9.98	9.78	
人口自然增长率（抽样调查）	‰	2.72	2.42	
常住人口（抽样调查）	万人	344.63	343.81	0.2
(二) 年末总户数	万户	132.96	131.86	0.8
(三) 年末单位从业人员	万人	29.97	30.32	-1.2
第二产业	万人	10.42	11.29	-7.7
第三产业	万人	19.40	18.91	2.6
(四) 农村劳动力人数	万人	145.69	149.01	-2.2
农林牧渔业	万人	84.93	84.51	0.5
(五) 耕地面积				
耕地资源总量	万公顷	29.40	29.53	-0.4
常用耕地面积	万公顷	20.38	20.41	-0.1
二、地区生产总值	亿元	1156.49	1064.83	9.0
第一产业	亿元	205.74	191.53	4.5
第二产业	亿元	495.03	468.84	10.7
其中：工业	亿元	365.69	345.46	9.3
第三产业	亿元	455.72	404.46	9.1
三、全社会固定资产投资	亿元	1209.89	1039.40	24.5
固定资产投资	亿元	1061.25	878.06	20.9
其中：房地产开发	亿元	85.40	68.20	25.2
四、财政、金融和保险				
(一) 财政总收入	亿元	105.67	100.20	8.1
地方财政收入	亿元	45.19	44.67	11.3
各项税收	亿元	30.14	31.25	-3.6
(二) 地方财政支出	亿元	280.17	258.65	8.3
教育	亿元	58.13	54.25	7.2

注：财政总收入，与地方财政收入增幅为同口径。

1-4 续表 1

指 标	单 位	2016年	2015年	2016年比2015年±%
医疗卫生与计划生育	亿元	34.80	31.52	10.4
（三）金融机构存款余额	亿元	1752.53	1591.92	10.1
（四）金融机构贷款余额	亿元	680.21	630.54	7.9
（五）保险费收入	亿元	46.98	43.14	8.9
其中：财产险	亿元	9.76	8.55	14.2
五、物价				
商品零售价格总指数	%	100.5	100.3	
居民消费价格总指数	%	102.0	101.6	
六、人民生活				
（一）城镇常住居民人均可支配收入	元／年	25595	23625	8.3
（二）农村常住居民人均可支配收入	元／年	8855	8164	8.5
（三）城镇单位在岗职工工资总额	亿元	146.41	138.67	5.6
国有单位	亿元	86.96	80.53	8.0
（四）城镇单位在岗职工年均工资	元	55739	51411	8.4
国有单位	元	62155	57040	9.0
七、农林牧渔业				
（一）农林牧渔业总产值	亿元	364.26	339.66	4.3
其中：农业	亿元	216.22	199.17	6.2
林业	亿元	14.58	14.65	7.1
牧业	亿元	115.49	108.76	0.6
渔业	亿元	5.44	4.94	9.1
（二）主要农产品产量				
粮食	万吨	103.65	103.24	0.5
油料	万吨	19.20	19.21	-0.1
茶叶	万吨	3.85	3.61	6.6
蔬菜	万吨	242.71	227.23	6.8
水果	万吨	46.26	45.58	1.5
肉类总产量	万吨	33.01	33.26	-0.7
（三）年末牲畜存栏				

1-4 续表 2

指 标	单 位	2016年	2015年	2016年比2015年±%
年末牛存栏	万头	29.60	29.42	0.6
年末猪存栏	万头	258.27	264.85	-2.5
年末羊存栏	万头	34.84	35.25	-1.2
（四）农村用电量	万千瓦时	82725	80205	3.1
（五）化肥使用量（实物量）	万吨	55.60	57.19	-2.8
八、工业（规模以上）				
（一）工业企业单位数	个	482	446	8.1
中省企业	个	36	36	0.0
内资企业	个	473	438	8.0
港澳台投资企业	个	6	5	20.0
外商投资企业	个	3	3	0.0
（二）工业总产值	亿元	1152.35	1063.90	8.3
其中：地方工业（市县属）	亿元	718.65	612.14	17.4
（三）工业产品产量				
发电量	亿千瓦时	62.70	48.84	28.4
磷矿石（折含P_2O_5 30%）	万吨	0.86	0.94	-8.7
黄金	千克	2750.00	1820.64	51.0
氮肥（折含N100%）	万吨	15.90	17.84	-10.9
硫酸（折100%）	万吨	46.24	43.48	6.4
钢材	万吨	265.20	332.97	-20.4
生铁	万吨	342.57	344.08	-0.4
锌	万吨	47.03	41.81	12.5
水泥	万吨	663.33	698.46	-5.0
金属切削机床	台	1471	1530	-3.9
服装	万件	170	180	-5.6
饮料酒	千升	89779	86555	3.7
卷烟	亿支	210.00	217.50	-3.4
（四）工业财务指标				
主营业务收入	亿元	1161.92	1145.08	1.5
利润总额	亿元	49.26	36.95	33.3
利税总额	亿元	107.36	95.16	12.8

1-4 续表 3

指　标	单　位	2016年	2015年	2016年比2015年±%
产品销售率	%	93.60	95.20	
（五）能源				
工业能源生产量	万吨 / 标准煤	313.59	292.16	7.3
工业能源消费量	万吨 / 标准煤	405.11	397.43	1.9
九、运输、邮政和电信				
（一）公路货运量	万吨	3835	3645	5.2
公路客运量	万人次	2303	2308	−0.2
（二）邮电主营业务总量	亿元	73.93	44.39	57.3
（三）年末固定电话用户	万户	47.16	49.84	−5.4
年末移动电话用户	万户	346.68	283.37	22.3
互联网用户	万户	49.34	34.89	41.4
十、国内外贸易				
（一）社会消费品零售总额	亿元	369.17	319.00	14.2
商品零售	亿元	325.64	281.93	13.8
餐饮收入	亿元	43.53	37.07	16.5
（二）外贸进出口总额	万元	70246	55399	26.8
其中：进口	万元	47960	43363	10.6
十一、教育和卫生				
（一）中小学在校学生数	万人	37.84	37.85	0.0
小学	万人	19.74	19.54	1.0
初中	万人	10.01	10.33	−3.1
高中	万人	8.09	7.98	1.4
小学入学率	%	100.00	100	
初中入学率	%	100.00	99.99	
（二）卫生机构数（不含村卫生室）	个	1037	1141	−9.1
其中：医院	个	72	70	2.9
卫生机构床位数	张	20580	20960	−1.8
其中：医院	张	16171	15971	1.3
卫生技术人员	人	21882	20055	9.1
其中：医院	人	13827	12579	9.9

1–5 企业一套表调查单位数(2016年)

单位:个

地 区	合 计	规模以上工业	限额以上批发零售住宿餐饮业	资质内建筑业	房地产开发经营企业	规模以上服务业	5000万元以上投资
汉 中	**1453**	**438**	**412**	**131**	**210**	**107**	**155**
汉台区	400	90	113	57	68	49	23
南郑县	191	62	30	9	46	11	33
城固县	189	55	50	14	22	9	39
洋 县	111	34	43	8	18	2	6
西乡县	143	55	42	11	14	7	14
勉 县	134	52	30	13	17	7	15
宁强县	99	39	35	5	9	7	4
略阳县	71	21	27	7	8	5	3
镇巴县	66	19	24	5	8	1	9
留坝县	22	7	9	1		5	
佛坪县	27	4	9	1		4	9

注：规模以上工业中不含军工企业。

1-6 法人单位数(2016年)

单位:个

地 区	法人单位数
汉中市	**29309**
汉台区	9359
南郑县	3445
城固县	2814
洋 县	1954
西乡县	2228
勉 县	2884
宁强县	1667
略阳县	2030
镇巴县	1697
留坝县	681
佛坪县	550

1—7 社会保障(2016年)

指 标	单 位	2016年
各种社会养老服务机构	所	728
各种社会养老服务机构床位数	张	23847
城镇职工基本养老保险参保人数	万人	39.40
城乡居民社会养老保险参保人数	万人	200.3
城乡职工基本医疗保险参保人数	万人	37.89
城镇居民基本医疗保险参保人数	万人	40.99
失业保险参保人数	万人	23.18
工伤保险参保人数	万人	31.13
生育保险参保人数	万人	21.25
新型农村合作医疗参保人数	万人	294.3

1-8 全社会用电量(2016年)

指　标	用户个数（个）	用电量（万千瓦时）
全社会用电	**1073809**	**793635**
A、全行业用电合计	108726	653104
第一产业	22707	9544
第二产业	14777	520731
第三产业	71242	122829
B、城乡居民生活用电合计	965083	140530
城镇居民	316402	71560
乡村居民	648681	68970
全行业用电分类	**108726**	**653104**
一、农、林、牧、渔业	22707	9544
二、工业	10487	493675
三、建筑业	4290	27055
四、交通运输、仓储和邮政业	859	33613
五、信息传输、计算机服务和软件业	7110	7815
六、商业、住宿和餐饮业	52874	39633
七、金融、房地产、商务及居民服务业	3959	6996
八、公共事业及管理组织	6440	34772

注：数据来源于陕西省电力公司汉中供电局。

1-9 各县区逐月平均气温(2016年)

单位：℃

月份＼地区	汉台区	南郑县	城固县	洋 县	西乡县	勉 县	宁强县	略阳县	镇巴县	留坝县	佛坪县	平 均
1 月	3.5	2.9	2.9	2.6	2.6	3.3	1.8	2.1	2.8	0.1	1.2	2.3
2 月	6.1	5.7	5.4	5.1	5.3	6.2	3.8	4.5	5.3	2.9	4.5	5.0
3 月	12.5	12.1	12	11.8	11.7	12.2	10.1	11.2	10.8	9.0	10.1	11.2
4 月	17.2	16.9	16.7	16.4	16.5	16.8	14.5	15.2	16.0	13.7	15.0	15.9
5 月	20.1	19.7	19.8	19.7	19.2	19.5	16.8	17.5	18.0	15.6	16.9	18.4
6 月	25.5	25.3	25.0	24.8	24.2	25.4	22.8	23.3	23.0	21.1	22.0	23.9
7 月	27.3	26.7	27.2	27.1	26.8	26.4	23.8	24.7	25.4	22.9	24.4	25.7
8 月	28.3	27.5	28.1	28.1	27.8	27.5	24.4	25.6	25.7	23.4	24.9	26.5
9 月	22.3	21.8	21.7	21.7	21.7	21.9	19.3	20.1	20.6	17.9	19.6	20.8
10 月	15.8	15.3	15.5	15.7	15.6	15.4	13.4	14.1	14.8	12.2	13.7	14.7
11 月	10.1	9.9	9.5	9.6	9.7	9.9	8.0	8.8	9.8	6.8	8.2	9.1
12 月	6.2	5.6	5.3	5.1	5.3	5.9	4.2	5.0	5.6	3.1	4.6	5.1
年平均	16.2	15.8	15.8	15.6	15.5	15.9	13.6	14.3	14.8	12.4	13.8	14.9

1-10 各县区逐月日照(2016年)

单位：小时

地区 月份	汉台区	南郑县	城固县	洋 县	西乡县	勉 县	宁强县	略阳县	镇巴县	留坝县	佛坪县	平 均
1 月	83.3	78.2	100.6	97.1	89.6	62.6	81.7	105.5	59.4	132.4	106.6	90.6
2 月	114.4	132.2	146.7	142.3	150.3	108.4	123.3	141.8	104.2	162.0	154.1	134.5
3 月	108.0	100.4	127.6	112.1	112.6	83.0	107.6	118.6	81.4	128.0	108.3	108.0
4 月	127.5	121.3	143.7	123.0	141.2	117.6	114.4	120.6	105.6	143.9	130.8	126.3
5 月	174.2	154.2	177.3	153.1	153.7	148.1	166.2	146.2	134.9	162.2	128.7	154.4
6 月	207.4	185.7	233.1	184.7	206.9	170.8	215.4	205.9	188.1	212.5	181.9	199.3
7 月	188.7	170.4	231.4	193.9	203.4	151.9	144.3	177.4	193.5	168.0	167.5	180.9
8 月	222.7	205.8	261.4	205.9	239	170.1	162.1	205.7	184.8	207.5	186.7	204.7
9 月	120.8	114.5	128.4	118.6	115.3	94.7	82.5	121.0	103.3	109.5	109.4	110.7
10 月	52.8	51.8	52.1	67.8	58.6	43.8	43.0	62.1	51.6	62.2	67.0	55.7
11 月	51.2	53.0	62.2	72.7	49.3	29.5	35.1	54.7	42.5	84.8	74.0	55.4
12 月	79.0	62.7	91.3	91.1	86.0	62.1	80.3	81.4	61.2	113.2	113.0	83.8
年合计	1530.0	1430.2	1755.8	1562.3	1605.9	1242.6	1355.9	1540.9	1310.5	1686.2	1528.0	1504.4

1-11 各县区逐月降水量(2016年)

单位：毫米

月份 \ 地区	汉台区	南郑县	城固县	洋 县	西乡县	勉 县	宁强县	略阳县	镇巴县	留坝县	佛坪县	平 均
1 月	4.1	11.9	1.9	1.4	3.9	5.5	9.1	3.3	5.4	4.8	4.5	5.1
2 月	17.7	15.8	13.7	12.6	14.2	13.4	14.0	11.7	21.4	12.0	8.1	14.1
3 月	24.8	26.7	23.2	11.1	11.3	18.9	23.6	12.6	34.0	17.4	9.2	19.3
4 月	34.3	39.8	51.1	49.4	75.5	37.9	80.3	51.7	71.5	38.4	50.8	52.8
5 月	99.3	98.8	105.5	107.5	94.1	82.3	168.2	83.7	172.2	81.2	116.8	110.0
6 月	61.2	69.6	38.2	51.3	163.6	24.9	64.1	33.9	118.9	42.8	64.5	66.6
7 月	107.4	143.0	100.3	145	151.5	167.3	172.3	174.1	244.4	183.0	200.2	162.6
8 月	19.3	29.5	50.7	19.8	40.5	29.7	84.8	40.2	106.2	62.2	70.3	50.3
9 月	90.5	106.5	94.1	57.4	65.8	91.0	84.3	98.7	98.1	103.2	51.1	85.5
10 月	67.6	84.0	74.9	81.9	140.6	44.0	65.8	64.8	174.2	79.8	106.2	89.4
11 月	35.0	44.2	37.6	42.6	48.0	19.8	33.1	14.9	49.0	10.9	15.3	31.9
12 月	2.2	2.3	1.6	2.5	3.1	1.1	5.0	1.4	5.2	2.5	1.6	2.6
年合计	563.4	672.1	592.8	582.5	812.1	535.8	804.6	591.0	1100.5	638.2	698.6	690.1

1－12 水文站地表水径流(2016年)

站 名		流域面积（km^2）	年径流量（亿 m^3）	多年平均径流量（亿 m^3）	距平均值（%）	年径流深（mm）	径流模数 $10^{-3}m^3/s.km^2$	年最大流量（m^3/s）	年最小流量（m^3/s）
嘉陵江	略阳站	19206	11.75	32.6	-64.0	61.2	1.94	327	15.3
汉江	武侯镇站	3092	5.173	11.8	-56.2	167.3	5.3	344	1.75
汉江	汉中站	9329	12.04	32.4	-62.8	129.1	4.08	586	7.47
汉江	洋县站	14484	20.51	57.3	-64.2	141.6	4.47	1110	12.1
沮水河	茶店子站	1683	1.554	4.6	-66.2	92.3	2.92	341	1.48
褒河	马道站	3415	4.774	10.12	-52.8	139.8	4.42	216	3.72
冷水河	三华石站	578	3.511	5.47	-35.8	607.4	19.2	312	0
湑水河	升仙村站	2143	5.148	9.48	-45.7	240.2	7.61	351	0.488
酉水河	酉水站	911	2.732	4.1	-33.4	299.9	9.48	1070	0
牧马河	西乡站	1224	7.861	9.06	-13.2	642.2	20.3	314	1.21

注：数据来源于陕西省汉中水文勘测局。

1-13 水文站输沙量(2016年)

站 名		流域面积 （km^2）	年输沙量 10^4（t）	多年平均 输沙量 10^4（t）	距平均值 （%）	输沙模数 （t/km^2）	多年平均 输沙模数 （t/km^2）	距平均值 （%）
嘉陵江	略阳站	19206	19.7	1874.5	-98.9	10.3	1013	-99.0
汉 江	武侯镇站	3092	4.83	209.99	-97.7	15.6	699	-97.8
汉 江	洋县站	14484	11.4	430.87	-97.4	7.87	307	-97.4
漾家河	元墩站	449	0.871	19.62	-95.6	19.4	439	-95.6
褒 河	马道站	3415	5.63	63.04	-91.1	16.5	194	-91.5
喜神坝河	江西营站	84.3	0.605	6	-89.9	71.8	728	-90.1
湑水河	升仙村站	2143	1.04	30.03	-96.5	4.85	146	-96.7
酉水河	酉水站	911	4.89	12.214	-60.0	53.7	138	-61.1
牧马河	西乡站	1224	13	39.91	-67.4	106	335	-68.4

注：数据来源于陕西省汉中水文勘测局。

主要统计指标解释

行政区划 指国家对行政区域的划分。根据有关法规规定，我国的行政区域划分如下：(1) 全国分为省、自治区、直辖市；(2) 省、自治区分为自治州、县、自治县、市；(3) 自治州分为县、自治县、市；(4) 县、自治县分为乡、民族乡、镇；(5) 直辖市和较大的市分为区、县；(6) 国家在必要时设立的特别行政区。

矿产资源 矿产资源指由地质作用形成的，具有利用价值的，呈固态、液态、气态的自然资源，是社会生产发展的重要物质基础。目前我国已发现矿种有170多种，按其特点和用途，可分为能源矿产(如煤炭、石油、天然气、地热）、金属矿产(如铁矿、锰矿、铜矿、铅矿、铝土矿）、非金属矿产(如金刚石、石灰岩、粘土）和水气矿产(如地下水、矿泉水、二氧化碳气）四大类。其中：金属矿产按其物质成份和性质又可分为：黑色金属矿产、有色金属矿产、贵金属矿产、稀有金属矿产、稀土金属矿产、分散元素金属矿产六类。

气温 指空气的温度，我国一般以摄氏度(℃）为单位表示。气象观测的温度表是放在离地面约1.5米处通风良好的百叶箱里测量的，因此，通常说的气温指的是离地面1.5米处百叶箱中的温度。其统计计算方法为：

月平均气温是将全月各日的平均气温相加，除以该月的天数而得。

年平均气温是将12个月的月平均气温累加后除以12而得。

降水量 指从天空降落到地面的液态或固态(经融化后）水，未经蒸发、渗透、流失而在地面上积聚的深度。其统计计算方法为：

月降水量是将全月各日的降水量累加而得。

年降水量是将12个月的月降水量累加而得。

日照时数 指太阳实际照射地面的时间。其统计方法与降水量相同。

二、国民经济核算

2016年汉中市		
生产总值	1156.49亿元	比上年增长9.0%
第一产业	205.74亿元	比上年增长4.5%
第二产业	495.03亿元	比上年增长10.7%
第三产业	455.72亿元	比上年增长9.1%
非公有制经济增加值	595.87亿元	
非公有制经济增加值占生产总值比重	51.5%	

2-1 生产总值

年 份	生产总值（亿元）	第一产业	第二产业	第三产业	人均生产总值（元）
1978	8.49	4.34	2.18	1.97	258
1979	8.68	4.25	2.34	2.09	262
1980	9.80	4.60	2.75	2.45	293
1981	8.62	3.96	2.52	2.14	256
1982	11.61	5.23	3.49	2.89	343
1983	13.61	6.01	4.22	3.38	399
1984	16.05	6.94	5.13	3.98	469
1985	17.07	7.22	5.63	4.22	497
1986	18.76	7.89	6.26	4.61	544
1987	23.12	9.67	7.83	5.62	665
1988	30.06	12.50	10.32	7.24	857
1989	35.07	14.50	12.21	8.36	989
1990	39.33	16.18	13.87	9.28	1101
1991	45.41	17.27	15.76	12.38	1263
1992	53.59	19.06	20.51	14.02	1486
1993	72.15	21.87	31.53	18.75	1997
1994	83.45	27.63	35.01	20.81	2309
1995	90.69	29.43	34.04	27.22	2506
1996	100.42	34.97	34.03	31.42	2768
1997	103.36	33.24	34.81	35.31	2843

注：1.本表按当年价格计算。
2.人均生产总值2004年以前按户籍人口计算，2005年及以后按常住人口计算。

2-1 续表 1

年 份	生产总值（亿元）	第一产业	第二产业	第三产业	人均生产总值(元）
1998	107.16	34.60	33.80	38.76	2945
1999	108.32	31.37	33.51	43.44	2972
2000	119.23	31.41	38.41	49.41	3250
2001	129.32	31.55	42.28	55.49	3503
2002	141.31	32.91	47.45	60.95	3819
2003	163.44	36.79	56.57	70.08	4402
2004	192.94	43.01	75.49	74.44	5172
2005	217.72	48.07	85.38	84.27	6255
2006	249.83	55.64	99.01	95.18	7158
2007	299.71	66.77	115.39	117.55	8562
2008	366.19	87.64	135.03	143.52	10435
2009	415.64	91.71	152.48	171.45	11819
2010	509.70	110.39	199.50	199.81	14907
2011	647.48	142.29	267.58	237.61	18952
2012	754.57	159.47	320.42	274.68	22084
2013	890.31	171.52	391.01	327.78	26020
2014	1002.83	183.98	453.60	365.25	29252
2015	1059.61	191.53	459.02	409.06	30849
2016	1156.49	205.74	495.03	455.72	33597

注：1.本表按当年价格计算。
2.人均生产总值2004年以前按户籍人口计算，2005年及以后按常住人口计算。

2-2 生产总值构成

单位：%

年 份	生产总值	第一产业	第二产业	第三产业
1978	100.0	51.1	25.7	23.2
1979	100.0	49.0	27.0	24.0
1980	100.0	46.9	28.2	24.9
1981	100.0	46.0	29.1	24.9
1982	100.0	45.1	30.1	24.8
1983	100.0	44.1	31.0	24.9
1984	100.0	43.2	32.0	24.8
1985	100.0	42.3	32.9	24.8
1986	100.0	42.1	33.4	24.5
1987	100.0	41.8	33.9	24.3
1988	100.0	41.6	34.3	24.1
1989	100.0	41.3	34.8	23.9
1990	100.0	41.1	35.3	23.6
1991	100.0	38.0	34.7	27.3
1992	100.0	35.6	38.3	26.1
1993	100.0	30.3	43.7	26.0
1994	100.0	33.1	42.0	24.9
1995	100.0	32.5	37.5	30.0
1996	100.0	34.8	33.9	31.3
1997	100.0	32.2	33.7	34.1

注：本表按当年价格计算。

2-2 续表 1

单位：%

年 份	生产总值	第一产业	第二产业	第三产业
1998	100.0	32.3	31.5	36.2
1999	100.0	29.0	30.9	40.1
2000	100.0	26.3	32.2	41.5
2001	100.0	24.4	32.7	42.9
2002	100.0	23.3	33.6	43.1
2003	100.0	22.5	34.6	42.9
2004	100.0	21.4	39.1	39.5
2005	100.0	22.1	39.2	38.7
2006	100.0	22.3	39.6	38.1
2007	100.0	22.3	38.5	39.2
2008	100.0	23.9	36.9	39.2
2009	100.0	22.1	36.7	41.2
2010	100.0	21.7	39.1	39.2
2011	100.0	22.0	41.3	36.7
2012	100.0	21.1	42.5	36.4
2013	100.0	19.3	43.9	36.8
2014	100.0	18.4	45.2	36.4
2015	100.0	18.1	43.3	38.6
2016	100.0	17.8	42.8	39.4

注：本表按当年价格计算。

2-3 生产总值指数

上年=100

年 份	生产总值	第一产业	第二产业	第三产业	人均生产总值
1978	110.8	113.1	108.9	107.8	110.5
1979	101.9	101.4	102.0	102.5	101.8
1980	112.5	111.5	115.6	110.8	112.3
1981	88.3	88.8	88.3	88.7	88.3
1982	137.1	137.9	138.6	130.8	136.6
1983	108.5	108.8	108.0	108.5	108.4
1984	108.5	108.1	109.1	108.6	108.4
1985	108.0	108.2	108.0	108.0	107.6
1986	108.6	108.5	108.2	109.6	108.3
1987	114.9	115.8	113.9	114.7	114.5
1988	112.3	112.1	113.6	110.8	112.0
1989	112.4	112.3	112.9	111.8	112.1
1990	104.6	103.2	104.8	106.5	104.5
1991	115.1	109.2	112.9	128.7	114.8
1992	108.9	106.7	109.9	110.5	108.7
1993	116.9	110.5	128.3	109.9	116.5
1994	108.5	90.1	122.0	112.5	108.3
1995	109.3	99.5	110.3	118.7	109.0
1996	110.0	111.4	110.8	107.4	109.8
1997	107.1	100.6	110.6	107.5	107.0

注：1.本表按不变价格计算。
2.人均生产总值2004年以前按户籍人口计算，2005年及以后按常住人口计算。

2–3 续表 1

上年=100

年 份	生产总值	第一产业	第二产业	第三产业	人均生产总值
1998	108.0	102.0	110.0	110.0	107.5
1999	108.1	100.8	108.4	113.6	107.5
2000	108.2	103.8	109.3	110.2	107.5
2001	106.6	102.5	108.0	109.0	105.9
2002	107.2	101.7	108.7	109.2	107.0
2003	109.1	105.9	111.8	108.4	108.7
2004	110.9	109.1	115.9	107.8	110.4
2005	111.9	109.2	112.0	113.0	111.2
2006	112.1	108.1	115.6	110.8	111.8
2007	113.9	106.0	114.9	117.3	113.6
2008	113.8	107.9	113.8	116.8	113.5
2009	114.5	106.4	113.6	119.3	114.3
2010	115.1	106.6	119.6	114.3	115.2
2011	115.5	106.6	122.2	113.7	115.6
2012	115.2	105.8	121.8	112.9	115.1
2013	112.7	105.3	118.6	109.3	112.5
2014	111.6	105.4	115.5	109.5	111.4
2015	109.6	105.0	110.4	110.4	109.3
2016	109.0	104.5	110.7	109.1	108.7

注：1.本表按不变价格计算。
2.人均生产总值2004年以前按户籍人口计算，2005年及以后按常住人口计算。

2-4 分行业增加值

年 份	生产总值	农林牧渔业	工 业	建筑业	交通运输、仓储及邮政业
1992	53.59	19.06	17.94	2.57	2.85
1993	72.15	21.87	26.43	5.10	3.67
1994	83.45	27.63	28.51	6.50	4.58
1995	90.69	29.43	26.80	7.24	5.75
1996	100.42	34.97	26.58	7.45	6.54
1997	103.36	33.24	27.43	7.38	6.76
1998	107.16	34.60	24.52	9.28	7.12
1999	108.32	31.37	23.37	10.14	8.30
2000	119.23	31.41	26.77	11.64	9.60
2001	129.32	31.55	28.79	13.49	12.42
2002	141.31	32.91	32.48	14.97	13.68
2003	163.44	36.79	39.02	17.55	14.88
2004	192.94	41.28	56.45	19.04	19.41
2005	217.72	48.07	64.72	20.66	17.66
2006	249.83	55.64	75.67	23.34	19.78
2007	299.71	66.77	87.82	27.57	22.77
2008	366.19	87.64	99.22	35.81	26.36
2009	415.64	91.71	108.58	43.90	29.69
2010	509.70	110.39	146.32	53.18	33.26
2011	647.48	142.29	203.17	64.41	38.78
2012	754.57	159.47	245.70	74.72	43.15
2013	890.31	177.71	303.16	87.85	42.17
2014	1002.83	190.49	353.28	100.32	46.49
2015	1059.61	198.23	345.46	113.56	41.40
2016	1156.49	212.65	365.69	129.34	44.34

注：本表按当年价格计算。

2-4 续表 1

单位:亿元

批发和零售业	住宿和餐饮业	金融业	房地产业	其他服务业
2.56	0.56	1.93	1.05	5.07
3.48	0.76	2.18	1.04	7.62
3.93	0.86	2.33	1.25	7.86
5.49	1.21	2.58	1.58	10.61
6.63	1.46	2.74	2.25	11.80
8.32	1.83	2.89	2.72	12.79
9.91	2.18	2.93	3.09	13.53
10.34	2.27	3.20	3.73	15.60
11.18	2.46	3.44	4.09	18.64
11.78	2.58	3.68	4.40	20.63
12.31	2.70	3.71	4.89	23.66
13.26	2.91	3.90	7.87	27.26
13.54	2.97	3.54	10.24	26.47
14.77	3.36	4.12	10.62	33.74
16.49	4.02	5.20	11.32	38.37
19.17	5.54	8.54	12.37	49.16
23.46	7.98	11.91	14.25	59.56
27.37	9.81	14.57	15.64	74.37
32.14	11.39	15.89	17.09	90.05
38.40	13.14	17.49	19.45	110.35
45.13	15.48	19.47	20.75	130.70
51.91	20.79	26.80	29.93	149.99
58.15	23.19	30.47	31.58	168.86
63.06	27.68	41.17	36.65	192.40
69.74	31.13	44.97	39.60	219.03

2–5 各县区生产总值（2016年）

单位:亿元，%

地区	生产总值		第一产业		第二产业		第三产业	
	总量	增速	总量	增速	总量	增速	总量	增速
汉台区	252.27	10.8	18.32	4.7	111.74	13.8	122.21	9.0
南郑县	174.07	8.3	24.06	4.6	96.81	9.0	53.20	8.7
城固县	217.22	11.6	45.75	4.4	107.73	15.6	63.74	10.1
洋县	106.53	8.0	25.05	4.2	43.03	8.3	38.45	10.2
西乡县	90.69	10.1	19.96	4.8	31.66	14.5	39.07	9.3
勉县	101.16	2.0	22.14	4.6	38.00	−6.6	41.02	9.5
宁强县	71.54	10.1	19.49	4.7	21.15	17.3	30.90	9.0
略阳县	55.94	7.9	9.55	4.4	18.63	8.3	27.76	8.9
镇巴县	65.17	8.9	16.93	4.7	19.73	11.1	28.51	10.0
留坝县	14.11	9.3	3.17	4.4	3.73	13.3	7.21	9.5
佛坪县	8.56	11.5	1.32	4.5	2.84	14.8	4.40	11.7

2-6　各县区非公经济增加值及占生产总值比重（2016年）

单位:亿元，%

地　区	增加值	占　比
汉台区	141.64	56.2
南郑县	85.90	49.4
城固县	106.95	49.2
洋　县	53.27	50.0
西乡县	50.70	55.9
勉　县	55.67	55.0
宁强县	40.17	56.2
略阳县	25.74	46.0
镇巴县	32.00	49.1
留坝县	6.56	46.5
佛坪县	3.53	41.2

主要统计指标解释

国内生产总值（GDP） 指按市场价格计算的一个国家（或地区）所有常住单位在一定时期内生产活动的最终成果。国内生产总值有三种表现形态，即价值形态、收入形态和产品形态。从价值形态看，它是所有常住单位在一定时期内生产的全部货物和服务价值超过同期投入的全部非固定资产货物和服务价值的差额，即所有常住单位的增加值之和；从收入形态看，它是所有常住单位在一定时期内创造并分配给常住单位和非常住单位的初次收入之和；从产品形态看，它是所有常住单位在一定时期内最终使用的货物和服务价值与货物和服务净出口价值之和。在实际核算中，国内生产总值有三种计算方法，即生产法、收入法和支出法。三种方法分别从不同的方面反映国内生产总值及其构成。

对于一个地区来说，称为地区生产总值或地区GDP。

三次产业 指根据社会生产活动历史发展的顺序对产业结构的划分。目前我国的三次产业划分是：

第一产业是指农、林、牧、渔业（不含农、林、牧、渔服务业）。

第二产业是指采矿业（不含开采辅助活动），制造业（不含金属制品、机械和设备修理业），电力、热力、燃气及水生产和供应业，建筑业。

第三产业即服务业，是指除第一产业、第二产业以外的其他行业。

非公有制经济 非公有制经济指国民经济中除国有经济和集体经济以外的部分，对其中的混合制经济要依据实收资本之间的比例，按经济成分对各主要经济总量进行划分。

三、人口、从业人员和工资

2016年汉中市

城镇非私营单位就业人员年平均工资	52736元	比上年增长7.9%
在岗职工（含劳务派遣）年平均工资	55739元	比上年增长8.4%
常住人口	344.63万人	
户籍户数	132.96万户	
户籍人口	384.14万人	

3-1 常住人口、出生率、死亡率和自然增长率（2016年）

地 区	常住人口（人）	出生率（‰）	死亡率（‰）	自增率（‰）
汉 中 市	**3446300**	**9.98**	**7.26**	**2.72**
汉 台 区	540290	9.44	5.23	4.21
南 郑 县	477312	11.54	7.41	4.13
城 固 县	472015	10.61	7.24	3.37
洋 县	387039	10.16	8.07	2.09
西 乡 县	344608	9.63	6.94	2.69
勉 县	393720	10.17	6.95	3.22
宁 强 县	308846	8.99	8.39	0.60
略 阳 县	200154	7.78	8.60	−0.82
镇 巴 县	248728	9.87	8.17	1.70
留 坝 县	43421	9.92	9.09	0.83
佛 坪 县	30167	10.10	8.21	1.89

注：本表根据人口变动抽样调查数据结果评估推算。

3-2 户籍户数及总人口（2016年）

地 区	总户数（户）	总人口（人）	# 男性	# 城镇人口
汉中市	**1329566**	**3841351**	**1996899**	**1100515**
汉台区	212167	570464	290929	330947
南郑县	192879	565324	292749	155465
城固县	191100	542652	279065	112248
洋 县	143020	449316	235005	70561
西乡县	153798	414504	217118	104741
勉 县	144350	427620	220033	141123
宁强县	112726	326567	170554	44353
略阳县	64631	185297	98487	60383
镇巴县	88951	284125	152564	62401
留坝县	14859	42520	22623	8500
佛坪县	11085	32962	17772	9793

注：数据来源于汉中市公安局。

3-3 城镇非私营单位从业人员和工资（2016年）

指 标	单位数（个）	年末人数（人）			
		单位从业人员	# 女性	# 非全日制	1.在岗职工
总 计	**4621**	**299702**	**105371**	**8241**	**248290**
一、按执行会计标准类别分组					
1.企业	1151	158942	49820	7815	123455
2.事业	1960	91152	42474	296	80055
3.机关	1443	48697	12692	125	43983
4.民间非营利组织	62	573	270	5	476
5.其他	5	338	115	0	321
二、按国民经济行业分组（GB/T4754-2011）					
（一）农、林、牧、渔业	76	1462	399	0	1422
（二）采矿业	44	10001	1371	39	9295
（三）制造业	236	53346	17050	166	50656
（四）电力、热力、燃气及水生产和供应业	35	3720	1133	5	3620
（五）建筑业	85	37154	5112	331	21496
（六）批发和零售业	213	11498	6023	53	10198
（七）交通运输、仓储和邮政业	49	9448	2784	131	8311
（八）住宿和餐饮业	47	3321	2155	97	2859
（九）信息传输、软件和信息技术服务业	8	2985	1438	155	2365
（十）金融业	205	20355	9041	6434	8829
（十一）房地产业	164	4441	1660	157	3937
（十二）租赁和商务服务业	81	1801	719	207	1326
（十三）科学研究和技术服务业	225	6258	1662	4	5955
（十四）水利、环境和公共设施管理业	141	7533	3060	40	5831
（十五）居民服务、修理和其他服务业	17	580	235	0	556
（十六）教育	814	44992	20964	253	40304
（十七）卫生和社会工作	312	24985	15001	38	21160
（十八）文化、体育和娱乐业	101	2716	1136	0	2496
（十九）公共管理、社会保障和社会组织	1768	53106	14428	131	47674

年末人数（人）			平均人数（人）				
2.劳务派遣人员	在岗劳务合计	3.其他从业人员	单位从业人员	1.在岗职工	2.劳务派遣人员	# 在岗劳务合计	3.其他从业人员
16103	**264393**	**35309**	**297061**	**247268**	**15395**	**262663**	**34398**
13575	137030	21912	157757	123677	12980	136657	21100
1607	81662	9490	89887	78979	1503	80482	9405
921	44904	3793	48502	43816	912	44728	3774
0	476	97	578	476	0	476	102
0	321	17	337	320	0	320	17
0	1422	40	1467	1425	0	1425	42
8	9303	698	10275	9502	8	9510	765
1103	51759	1587	53500	50700	1122	51822	1678
35	3655	65	3743	3635	40	3675	68
10043	31539	5615	36554	21698	9384	31082	5472
484	10682	816	11439	10119	500	10619	820
659	8970	478	9550	8393	657	9050	500
17	2876	445	3292	2791	25	2816	476
275	2640	345	2920	2263	315	2578	342
650	9479	10876	19467	8821	635	9456	10011
118	4055	386	4479	3952	118	4070	409
129	1455	346	1787	1311	131	1442	345
10	5965	293	6284	5923	10	5933	351
122	5953	1580	7521	5834	115	5949	1572
15	571	9	613	586	15	601	12
581	40885	4107	43901	39414	560	39974	3927
769	21929	3056	24747	21023	690	21713	3034
25	2521	195	2613	2392	24	2416	197
1060	48734	4372	52909	47486	1046	48532	4377

3-3 续表 1

指 标	工资总额（千元）					
	从业人员工资总额	1.在岗职工工资总额	基本工资	绩效工资	工资性津贴和补贴	其他工资
总 计	**15665843**	**13962959**	**7399927**	**4130580**	**2007147**	**425305**
一、按执行会计标准类别分组						
1.企业	7541179	6250250	3936260	1822026	379063	112901
2.事业	5285097	4983469	2224748	1825236	662874	270611
3.机关	2791690	2683838	1216200	470031	956068	41539
4.民间非营利组织	27312	25534	13758	3515	8007	254
5.其他	20565	19868	8961	9772	1135	0
二、按国民经济行业分组（GB/T4754-2011）						
（一）农、林、牧、渔业	72018	71114	36832	23403	10877	2
（二）采矿业	559186	512515	428732	65047	18636	100
（三）制造业	2559372	2457287	1479502	742100	187198	48487
（四）电力、热力、燃气及水生产和供应业	213386	210240	110493	69357	23772	6618
（五）建筑业	1591384	940564	785679	118521	21378	14986
（六）批发和零售业	459785	411802	239221	155898	11544	5139
（七）交通运输、仓储和邮政业	470919	428621	260333	136785	30017	1486
（八）住宿和餐饮业	96580	84484	70299	10691	2873	621
（九）信息传输、软件和信息技术服务业	205628	173297	66763	95218	10894	422
（十）金融业	1153404	834715	329637	432350	58441	14287
（十一）房地产业	183739	171139	123090	30006	13216	4827
（十二）租赁和商务服务业	97837	86154	36849	24170	14603	10532
（十三）科学研究和技术服务业	346010	338350	172186	113316	44380	8468
（十四）水利、环境和公共设施管理业	320463	284561	136977	112959	29966	4659
（十五）居民服务、修理和其他服务业	20969	20405	12995	4596	2324	490
（十六）教育	2672258	2551732	1216742	952363	363608	19019
（十七）卫生和社会工作	1476268	1349909	510947	482082	120472	236408
（十八）文化、体育和娱乐业	130662	125844	60794	44197	19475	1378
（十九）公共管理、社会保障和社会组织	3035975	2910226	1321856	517521	1023473	47376

工资总额（千元）			平均工资（元）				
2.劳务派遣人员工资总额	在岗劳务合计	3.其他从业人员工资总额	从业人员平均工资	1.在岗职工平均工资	2.劳务派遣人员平均工资	在岗劳务合计	3.其他从业人员平均工资
677639	**14640598**	**1025245**	**52736**	**56469**	**44017**	**55739**	**29805**
608031	6858281	682898	47803	50537	46844	50186	32365
47532	5031001	254096	58797	63099	31625	62511	27017
22076	2705914	85776	57558	61252	24206	60497	22728
0	25534	1778	47253	53643	0	53643	17431
0	19868	697	61024	62088	0	62088	41000
0	71114	904	49092	49905	0	49905	21524
266	512781	46405	54422	53938	33250	53920	60660
50121	2507408	51964	47839	48467	44671	48385	30968
1249	211489	1897	57009	57838	31225	57548	27897
449192	1389756	201628	43535	43348	47868	44713	36847
16931	428733	31052	40195	40696	33862	40374	37868
27197	455818	15101	49311	51069	41396	50367	30202
761	85245	11335	29338	30270	30440	30272	23813
21199	194496	11132	70421	76578	67298	75445	32550
30841	865556	287848	59249	94628	48569	91535	28753
2986	174125	9614	41022	43304	25305	42783	23506
3755	89909	7928	54749	65716	28664	62350	22980
268	338618	7392	55062	57125	26800	57074	21060
5339	289900	30563	42609	48776	46426	48731	19442
300	20705	264	34207	34821	20000	34451	22000
18357	2570089	102169	60870	64742	32780	64294	26017
22005	1371914	104354	59654	64211	31891	63184	34395
451	126295	4367	50005	52610	18792	52274	22168
26421	2936647	99328	57381	61286	25259	60509	22693

3-4 国有单位从业人员和工资（2016年）

指　标	单位数（个）	年末人数（人）			
		单位从业人员	其中：女性	其中：非全日制	1.在岗职工
总　计	**3526**	**156580**	**60658**	**737**	**137619**
一、按隶属关系分组					
1.中央	22	4596	1564	303	3525
2.省、自治区、直辖市	95	10545	3347	251	9472
3.地区	295	22892	9310	28	19323
4.县及县级以下	3110	118453	46388	155	105205
5.其他	4	94	49	0	94
二、按执行会计标准类别分组					
1.企业	120	17713	5901	316	14390
其中：地方	113	14623	4940	186	11977
2.事业	1935	90275	42089	296	79298
其中：地方	1927	89322	41635	123	78687
3.机关	1437	48300	12550	125	43650
其中：地方	1430	47747	12401	125	43149
4.民间非营利组织	30	227	100	0	217
5.其他	4	65	18	0	64
三、按国民经济行业分组（GB/T4754-2011）					
（一）农、林、牧、渔业	56	1388	359	0	1348
（二）采矿业	2	286	22	0	99
（三）制造业	4	3176	940	30	3044
（四）电力、热力、燃气及水生产和供应业	13	1461	432	0	1435
（五）建筑业	10	2514	604	0	1310
（六）批发和零售业	25	1566	583	1	1282
（七）交通运输、仓储和邮政业	33	6758	1922	130	5770
（八）住宿和餐饮业	6	511	305	0	511
（九）信息传输、软件和信息技术服务业	4	191	94	0	187
（十）金融业	11	2038	719	153	1780
（十一）房地产业	21	600	209	0	570
（十二）租赁和商务服务业	65	823	336	0	694
（十三）科学研究和技术服务业	214	5703	1560	4	5423
（十四）水利、环境和公共设施管理业	131	6920	2757	2	5374
（十五）居民服务、修理和其他服务业	13	266	59	0	257
（十六）教育	806	43789	20166	253	39166
（十七）卫生和社会工作	285	23871	14403	38	20189
（十八）文化、体育和娱乐业	92	2045	915	0	1865
（十九）公共管理、社会保障和社会组织	1735	52674	14273	126	47315

年末人数（人）			平均人数（人）				
2.劳务派遣人员	在岗劳务合计	3.其他从业人员	单位从业人员	1.在岗职工	2.劳务派遣人员	在岗劳务合计	3.其他从业人员
3565	**141184**	**15396**	**155223**	**136458**	**3454**	**139912**	**15311**
521	4046	550	4592	3542	520	4062	530
143	9615	930	10588	9503	142	9645	943
1135	20458	2434	22772	19226	1053	20279	2493
1766	106971	11482	117177	104093	1739	105832	11345
0	94	0	94	94	0	94	0
1037	15427	2286	17823	14487	1039	15526	2297
543	12520	2103	14718	12063	546	12609	2109
1607	80905	9370	89013	78225	1503	79728	9285
1586	80273	9049	88080	77611	1482	79093	8987
921	44571	3729	48093	43466	912	44378	3715
915	44064	3683	47539	42962	906	43868	3671
0	217	10	229	216	0	216	13
0	64	1	65	64	0	64	1
0	1348	40	1393	1351	0	1351	42
0	99	187	276	100	0	100	176
97	3141	35	3229	3076	106	3182	47
0	1435	26	1472	1438	5	1443	29
151	1461	1053	2540	1337	151	1488	1052
1	1283	283	1554	1271	1	1272	282
653	6423	335	6801	5806	651	6457	344
0	511	0	513	504	0	504	9
0	187	4	190	186	0	186	4
102	1882	156	2053	1770	103	1873	180
0	570	30	598	565	0	565	33
34	728	95	821	691	35	726	95
8	5431	272	5720	5384	8	5392	328
84	5458	1462	6905	5377	74	5451	1454
0	257	9	269	257	0	257	12
581	39747	4042	42737	38315	560	38875	3862
769	20958	2913	23644	20063	690	20753	2891
25	1890	155	2042	1857	24	1881	161
1060	48375	4299	52466	47110	1046	48156	4310

3-4 续表 1

指 标	工资总额（千元）					
	从业人员工资总额	1.在岗职工工资总额	基本工资	绩效工资	工资性津贴和补贴	其他工资
总 计	**9115149**	**8577569**	**3886896**	**2645018**	**1728866**	**316789**
一、按隶属关系分组						
1.中央	280635	247809	118801	102069	25063	1876
2.省、自治区、直辖市	807301	761833	307188	327511	112902	14232
3.地区	1467900	1354736	589675	349841	231721	183499
4.县及县级以下	6556139	6210017	2868288	1865597	1358950	117182
5.其他	3174	3174	2944	0	230	0
二、按执行会计标准类别分组						
1.企业	1078763	946179	457985	360866	122071	5257
其中：地方	886233	779854	371743	288897	113957	5257
2.事业	5246292	4947389	2212307	1814331	650140	270611
其中：地方	5190696	4897147	2194115	1785415	648070	269547
3.机关	2772136	2666242	1208335	467402	949838	40667
其中：地方	2739627	2635000	1193968	466218	934959	39855
4.民间非营利组织	13633	13451	6618	897	5682	254
5.其他	4325	4308	1651	1522	1135	0
三、按国民经济行业分组（GB/T4754-2011）						
（一）农、林、牧、渔业	69706	68802	34520	23403	10877	2
（二）采矿业	10941	4177	2995	706	476	0
（三）制造业	297425	294213	94892	126680	72641	0
（四）电力、热力、燃气及水生产和供应业	64283	63346	37914	12936	12439	57
（五）建筑业	104058	59098	52901	2193	1606	2398
（六）批发和零售业	131799	115919	32687	79276	3647	309
（七）交通运输、仓储和邮政业	354511	317165	194450	95958	26537	220
（八）住宿和餐饮业	19261	19098	13185	5446	467	0
（九）信息传输、软件和信息技术服务业	7208	7191	3126	3776	228	61
（十）金融业	192165	175901	66975	100279	8647	0
（十一）房地产业	29837	29078	14502	9978	4431	167
（十二）租赁和商务服务业	41168	38407	16505	8957	11657	1288
（十三）科学研究和技术服务业	314709	307545	152276	108658	42682	3929
（十四）水利、环境和公共设施管理业	300050	267691	130081	104890	28061	4659
（十五）居民服务、修理和其他服务业	11782	11518	6885	2481	1742	410
（十六）教育	2616374	2498551	1183674	935893	359985	18999
（十七）卫生和社会工作	1429231	1306835	490646	471097	108684	236408
（十八）文化、体育和娱乐业	106048	102124	46999	35350	18397	1378
（十九）公共管理、社会保障和社会组织	3014593	2890910	1311683	517061	1015662	46504

工资总额（千元）			平均工资（元）					
2.劳务派遣人员工资总额	在岗劳务合计	3.其他从业人员工资总额	从业人员平均工资	1.在岗职工平均工资	2.劳务派遣人员平均工资	在岗劳务合计	3.其他从业人员平均工资
118610	**8696179**	**418970**	**58723**	**62859**	**34340**	**62155**	**27364**
22266	270075	10560	61114	69963	42819	66488	19925
8992	770825	36476	76247	80168	63324	79920	38681
34489	1389225	78675	64461	70464	32753	68506	31558
52863	6262880	293259	55951	59658	30399	59178	25849
0	3174	0	33766	33766	0	33766	0
49002	995181	83582	60526	65312	47163	64098	36387
27365	807219	79014	60214	64648	50119	64019	37465
47532	4994921	251371	58938	63246	31625	62650	27073
47047	4944194	246502	58932	63099	31746	62511	27429
22076	2688318	83818	57641	61341	24206	60578	22562
21932	2656932	82695	57629	61333	24208	60567	22527
0	13451	182	59533	62273	0	62273	14000
0	4308	17	66538	67313	0	67313	17000
0	68802	904	50040	50927	0	50927	21524
0	4177	6764	39641	41770	0	41770	38432
2624	296837	588	92111	95648	24755	93286	12511
475	63821	462	43671	44051	95000	44228	15931
7898	66996	37062	40968	44202	52305	45024	35230
19	115938	15861	84813	91203	19000	91146	56245
27005	344170	10341	52126	54627	41482	53302	30061
0	19098	163	37546	37893	0	37893	18111
0	7191	17	37937	38661	0	38661	4250
8123	184024	8141	93602	99379	78864	98251	45228
0	29078	759	49895	51465	0	51465	23000
893	39300	1868	50144	55582	25514	54132	19663
232	307777	6932	55019	57122	29000	57080	21134
4107	271798	28252	43454	49784	55500	49862	19431
0	11518	264	43799	44817	0	44817	22000
18357	2516908	99466	61220	65211	32780	64744	25755
22005	1328840	100391	60448	65137	31891	64031	34725
451	102575	3473	51933	54994	18792	54532	21571
26421	2917331	97262	57458	61365	25259	60581	22567

3-5 集体单位从业人员和工资（2016年）

指 标	单位数（个）	年末人数（人）			
		单位从业人员	其中：女性	其中：非全日制	1.在岗职工
总 计	**172**	**18631**	**6193**	**16**	**16006**
一、按执行会计标准类别分组					
1.企业	144	17619	5772	11	15121
2.事业	24	847	359	0	727
3.机关	3	130	49	0	130
4.民间非营利组织	1	35	13	5	28
5.其他	0	0	0	0	0
二、按国民经济行业分组（GB/T4754-2011）					
（一）农、林、牧、渔业	0	0	0	0	0
（二）采矿业	1	42	0	0	42
（三）制造业	13	9753	3445	0	8996
（四）电力、热力、燃气及水生产和供应业	2	31	10	0	31
（五）建筑业	7	3938	682	0	2699
（六）批发和零售业	30	891	415	10	800
（七）交通运输、仓储和邮政业	3	249	122	1	106
（八）住宿和餐饮业	2	21	13	0	21
（九）信息传输、软件和信息技术服务业	0	0	0	0	0
（十）金融业	70	2349	985	0	2088
（十一）房地产业	10	53	29	0	53
（十二）租赁和商务服务业	4	240	54	0	240
（十三）科学研究和技术服务业	3	67	22	0	60
（十四）水利、环境和公共设施管理业	4	208	74	0	208
（十五）居民服务、修理和其他服务业	0	0	0	0	0
（十六）教育	0	0	0	0	0
（十七）卫生和社会工作	20	692	303	0	572
（十八）文化、体育和娱乐业	1	33	18	0	33
（十九）公共管理、社会保障和社会组织	2	64	21	5	57

年末人数（人）			平均人数（人）				
2.劳务派遣人员	在岗劳务合计	3.其他从业人员	单位从业人员	1.在岗职工	2.劳务派遣人员	在岗劳务合计	3.其他从业人员
628	**16634**	**1997**	**18215**	**15578**	**671**	**16249**	**1966**
628	15749	1870	17204	14695	671	15366	1838
0	727	120	844	724	0	724	120
0	130	0	133	131	0	131	2
0	28	7	34	28	0	28	6
0	0	0	0	0	0	0	0
0	0	0	0	0	0	0	0
0	42	0	42	42	0	42	0
421	9417	336	9531	8646	468	9114	417
0	31	0	31	31	0	31	0
0	2699	1239	3761	2648	0	2648	1113
0	800	91	914	822	0	822	92
6	112	137	243	86	6	92	151
0	21	0	17	17	0	17	0
0	0	0	0	0	0	0	0
201	2289	60	2328	2074	197	2271	57
0	53	0	52	52	0	52	0
0	240	0	231	231	0	231	0
0	60	7	68	60	0	60	8
0	208	0	208	208	0	208	0
0	0	0	0	0	0	0	0
0	0	0	0	0	0	0	0
0	572	120	690	570	0	570	120
0	33	0	33	33	0	33	0
0	57	7	66	58	0	58	8

3-5 续表 1

指 标	工资总额（千元）					
	从业人员工资总额	1.在岗职工工资总额	基本工资	绩效工资	工资性津贴和补贴	其他工资
总 计	**1010827**	**925441**	**498970**	**366631**	**52972**	**6868**
一、按执行会计标准类别分组						
1.企业	966765	884217	485049	353381	38963	6824
2.事业	37653	34928	11814	10621	12493	0
3.机关	5759	5727	1810	2629	1244	44
4.民间非营利组织	650	569	297	0	272	0
5.其他	0	0	0	0	0	0
二、按国民经济行业分组（GB/T4754-2011）						
（一）农、林、牧、渔业	0	0	0	0	0	0
（二）采矿业	891	891	891	0	0	0
（三）制造业	568508	541668	291598	240840	9173	57
（四）电力、热力、燃气及水生产和供应业	589	589	589	0	0	0
（五）建筑业	149894	108192	95808	10729	1158	497
（六）批发和零售业	24445	22191	17316	3735	1080	60
（七）交通运输、仓储和邮政业	9814	5094	3584	1462	48	0
（八）住宿和餐饮业	330	330	200	122	8	0
（九）信息传输、软件和信息技术服务业	0	0	0	0	0	0
（十）金融业	196621	189824	66330	91861	25426	6207
（十一）房地产业	1330	1330	1206	0	121	3
（十二）租赁和商务服务业	10479	10479	4959	3630	1890	0
（十三）科学研究和技术服务业	4825	4590	2978	1002	610	0
（十四）水利、环境和公共设施管理业	8627	8627	2066	6000	561	0
（十五）居民服务、修理和其他服务业	0	0	0	0	0	0
（十六）教育	0	0	0	0	0	0
（十七）卫生和社会工作	30690	27965	9457	7250	11258	0
（十八）文化、体育和娱乐业	1617	1617	933	0	684	0
（十九）公共管理、社会保障和社会组织	2167	2054	1055	0	955	44

工资总额（千元）			平均工资（元）				
2.劳务派遣人员工资总额	在岗劳务合计	3.其他从业人员工资总额	从业人员平均工资	1.在岗职工平均工资	2.劳务派遣人员平均工资	在岗劳务合计	3.其他从业人员平均工资
25055	**950496**	**60331**	**55494**	**59407**	**37340**	**58496**	**30687**
25055	909272	57493	56194	60171	37340	59174	31280
0	34928	2725	44613	48243	0	48243	22708
0	5727	32	43301	43718	0	43718	16000
0	569	81	19118	20321	0	20321	13500
0	0	0	0	0	0	0	0
0	0	0	0	0	0	0	0
0	891	0	21214	21214	0	21214	0
19341	561009	7499	59648	62650	41327	61555	17983
0	589	0	19000	19000	0	19000	0
0	108192	41702	39855	40858	0	40858	37468
0	22191	2254	26745	26996	0	26996	24500
192	5286	4528	40387	59233	32000	57457	29987
0	330	0	19412	19412	0	19412	0
0	0	0	0	0	0	0	0
5522	195346	1275	84459	91526	28030	86018	22368
0	1330	0	25577	25577	0	25577	0
0	10479	0	45364	45364	0	45364	0
0	4590	235	70956	76500	0	76500	29375
0	8627	0	41476	41476	0	41476	0
0	0	0	0	0	0	0	0
0	0	0	0	0	0	0	0
0	27965	2725	44478	49061	0	49061	22708
0	1617	0	49000	49000	0	49000	0
0	2054	113	32833	35414	0	35414	14125

3-6 其他单位从业人员和工资（2016年）

指 标	单位数（个）	年末人数（人）			
		单位从业人员	其中：女性	其中：非全日制	1.在岗职工
总 计	**923**	**124491**	**38520**	**7488**	**94665**
一、按登记注册类型分组					
（一）内资	908	120725	36727	7333	91556
1.股份合作	4	299	112	0	281
2.联营	5	463	112	0	460
其中:国有联营	3	439	101	0	436
集体联营	0	0	0	0	0
3.有限责任公司	683	92056	26373	1035	75468
其中:国有独资	49	9257	1519	139	3587
4.股份有限公司	153	26159	8951	6298	13626
5.其他	63	1748	1179	0	1721
（二）港、澳、台商投资	10	2066	1046	155	1497
（三）外商投资	5	1700	747	0	1612
二、按执行会计标准类别分组					
1.企业	887	123610	38147	7488	93944
2.事业	1	30	26	0	30
3.机关	3	267	93	0	203
4.民间非营利组织	31	311	157	0	231
5.其他	1	273	97	0	257

年末人数（人）			平均人数（人）				
2.劳务派遣人员	在岗劳务合计	3.其他从业人员	单位从业人员	1.在岗职工	2.劳务派遣人员	在岗劳务合计	3.其他从业人员
11910	**106575**	**17916**	**123623**	**95232**	**11270**	**106502**	**17121**
11654	103210	17515	119899	92244	10942	103186	16713
0	281	18	298	280	0	280	18
0	460	3	463	460	0	460	3
0	436	3	439	436	0	436	3
0	0	0	0	0	0	0	0
10306	85774	6282	92498	76274	9850	86124	6374
5222	8809	448	9040	3541	5047	8588	452
1348	14974	11185	24941	13561	1092	14653	10288
0	1721	27	1699	1669	0	1669	30
168	1665	401	2027	1381	238	1619	408
88	1700	0	1697	1607	90	1697	0
11910	105854	17756	122730	94495	11270	105765	16965
0	30	0	30	30	0	30	0
0	203	64	276	219	0	219	57
0	231	80	315	232	0	232	83
0	257	16	272	256	0	256	16

3-6 续表 1

指标	单位数（个）	年末人数（人）			
		单位从业人员	其中：女性	其中：非全日制	1.在岗职工
三、按国民经济行业分组（GB/T4754-2011）					
（一）农、林、牧、渔业	20	74	40	0	74
（二）采矿业	41	9673	1349	39	9154
（三）制造业	219	40417	12665	136	38616
（四）电力、热力、燃气及水生产和供应业	20	2228	691	5	2154
（五）建筑业	68	30702	3826	331	17487
（六）批发和零售业	158	9041	5025	42	8116
（七）交通运输、仓储和邮政业	13	2441	740	0	2435
（八）住宿和餐饮业	39	2789	1837	97	2327
（九）信息传输、软件和信息技术服务业	4	2794	1344	155	2178
（十）金融业	124	15968	7337	6281	4961
（十一）房地产业	133	3788	1422	157	3314
（十二）租赁和商务服务业	12	738	329	207	392
（十三）科学研究和技术服务业	8	488	80	0	472
（十四）水利、环境和公共设施管理业	6	405	229	38	249
（十五）居民服务、修理和其他服务业	4	314	176	0	299
（十六）教育	8	1203	798	0	1138
（十七）卫生和社会工作	7	422	295	0	399
（十八）文化、体育和娱乐业	8	638	203	0	598
（十九）公共管理、社会保障和社会组织	31	368	134	0	302

年末人数（人）			平均人数（人）				
2.劳务派遣人员	在岗劳务合计	3.其他从业人员	单位从业人员	1.在岗职工	2.劳务派遣人员	在岗劳务合计	3.其他从业人员
0	74	0	74	74	0	74	0
8	9162	511	9957	9360	8	9368	589
585	39201	1216	40740	38978	548	39526	1214
35	2189	39	2240	2166	35	2201	39
9892	27379	3323	30253	17713	9233	26946	3307
483	8599	442	8971	8026	499	8525	446
0	2435	6	2506	2501	0	2501	5
17	2344	445	2762	2270	25	2295	467
275	2453	341	2730	2077	315	2392	338
347	5308	10660	15086	4977	335	5312	9774
118	3432	356	3829	3335	118	3453	376
95	487	251	735	389	96	485	250
2	474	14	496	479	2	481	15
38	287	118	408	249	41	290	118
15	314	0	344	329	15	344	0
0	1138	65	1164	1099	0	1099	65
0	399	23	413	390	0	390	23
0	598	40	538	502	0	502	36
0	302	66	377	318	0	318	59

3-6 续表 2

指　标	工资总额（千元）					
	从业人员工资总额	1.在岗职工工资总额	基本工资	绩效工资	工资性津贴和补贴	其他工资
总　计	**5539867**	**4459949**	**3014061**	**1118931**	**225309**	**101648**
一、按登记注册类型分组						
（一）内资	5323984	4281850	2924319	1039261	217962	100308
1.股份合作	17586	16870	7988	8378	504	0
2.联营	21399	21290	13148	6342	1800	0
其中:国有联营	20451	20342	12466	6342	1534	0
集体联营	0	0	0	0	0	0
3.有限责任公司	3933404	3235360	2322228	665635	165139	82358
其中:国有独资	432828	176999	118670	47886	7409	3034
4.股份有限公司	1279772	937285	535015	339844	44496	17930
5.其他	71823	71045	45940	19062	6023	20
（二）港、澳、台商投资	93802	62931	31671	24025	5895	1340
（三）外商投资	122081	115168	58071	55645	1452	0
二、按执行会计标准类别分组						
1.企业	5495651	4419854	2993226	1107779	218029	100820
2.事业	1152	1152	627	284	241	0
3.机关	13795	11869	6055	0	4986	828
4.民间非营利组织	13029	11514	6843	2618	2053	0
5.其他	16240	15560	7310	8250	0	0

工资总额（千元）			平均工资（元）				
2.劳务派遣人员工资总额	在岗劳务合计	3.其他从业人员工资总额	从业人员平均工资	1.在岗职工平均工资	2.劳务派遣人员平均工资	在岗劳务合计	3.其他从业人员平均工资
533974	**4993923**	**545944**	**44813**	**46832**	**47380**	**46890**	**31887**
511814	4793664	530320	44404	46419	46775	46457	31731
0	16870	716	59013	60250	0	60250	39778
0	21290	109	46218	46283	0	46283	36333
0	20342	109	46585	46656	0	46656	36333
0	0	0	0	0	0	0	0
465586	3700946	232458	42524	42418	47268	42972	36470
244207	421206	11622	47879	49986	48387	49046	25712
46228	983513	296259	51312	69116	42333	67120	28797
0	71045	778	42274	42567	0	42567	25933
13247	78178	13624	46276	43369	64063	48288	38294
6913	122081	0	71939	71666	76811	71939	0
533974	4953828	541823	44778	46773	47380	46838	31938
0	1152	0	38400	38400	0	38400	0
0	11869	1926	49982	54196	0	54196	33789
0	11514	1515	41362	49629	0	49629	18253
0	15560	680	59706	60781	0	60781	42500

3-6 续表 3

指 标	工资总额（千元）					
	从业人员工资总额	1.在岗职工工资总额	基本工资	绩效工资	工资性津贴和补贴	其他工资
三、按国民经济行业分组（GB/T4754-2011）						
（一）农、林、牧、渔业	2312	2312	2312	0	0	0
（二）采矿业	547354	507447	424846	64341	18160	100
（三）制造业	1693439	1621406	1093012	374580	105384	48430
（四）电力、热力、燃气及水生产和供应业	148514	146305	71990	56421	11333	6561
（五）建筑业	1337432	773274	636970	105599	18614	12091
（六）批发和零售业	303541	273692	189218	72887	6817	4770
（七）交通运输、仓储和邮政业	106594	106362	62299	39365	3432	1266
（八）住宿和餐饮业	76989	65056	56914	5123	2398	621
（九）信息传输、软件和信息技术服务业	198420	166106	63637	91442	10666	361
（十）金融业	764618	468990	196332	240210	24368	8080
（十一）房地产业	152572	140731	107382	20028	8664	4657
（十二）租赁和商务服务业	46190	37268	15385	11583	1056	9244
（十三）科学研究和技术服务业	26476	26215	16932	3656	1088	4539
（十四）水利、环境和公共设施管理业	11786	8243	4830	2069	1344	0
（十五）居民服务、修理和其他服务业	9187	8887	6110	2115	582	80
（十六）教育	55884	53181	33068	16470	3623	20
（十七）卫生和社会工作	16347	15109	10844	3735	530	0
（十八）文化、体育和娱乐业	22997	22103	12862	8847	394	0
（十九）公共管理、社会保障和社会组织	19215	17262	9118	460	6856	828

工资总额（千元）			平均工资（元）				
2.劳务派遣人员工资总额	在岗劳务合计	3.其他从业人员工资总额	从业人员平均工资	1.在岗职工平均工资	2.劳务派遣人员平均工资	在岗劳务合计	3.其他从业人员平均工资
0	2312	0	31243	31243	0	31243	0
266	507713	39641	54972	54214	33250	54197	67302
28156	1649562	43877	41567	41598	51380	41734	36143
774	147079	1435	66301	67546	22114	66824	36795
441294	1214568	122864	44208	43656	47795	45074	37153
16912	290604	12937	33836	34101	33892	34088	29007
0	106362	232	42536	42528	0	42528	46400
761	65817	11172	27874	28659	30440	28678	23923
21199	187305	11115	72681	79974	67298	78305	32885
17196	486186	278432	50684	94231	51331	91526	28487
2986	143717	8855	39846	42198	25305	41621	23551
2862	40130	6060	62844	95805	29813	82742	24240
36	26251	225	53379	54729	18000	54576	15000
1232	9475	2311	28887	33104	30049	32672	19585
300	9187	0	26706	27012	20000	26706	0
0	53181	2703	48010	48390	0	48390	41585
0	15109	1238	39581	38741	0	38741	53826
0	22103	894	42745	44030	0	44030	24833
0	17262	1953	50968	54283	0	54283	33102

3-7 各县区城镇非私营单位从业人员和工资（2016年）

地 区	年末人数（人）			平均人数（人）			工资总额（千元）			平均工资（元）		
	单位从业人员	在岗职工	其他从业人员	单位从业人员	在岗职工	其他从业人员	从业人员工资总额	在岗职工工资总额	其他从业人员工资总额	从业人员平均工资	在岗职工平均工资	其他从业人员平均工资
汉中市	**299702**	**264393**	**35309**	**297061**	**262663**	**34398**	**15665843**	**14640598**	**1025245**	**52736**	**55739**	**29805**
汉台区	112532	93431	19101	111636	93210	18426	5932307	5393937	538370	53140	57869	29218
南郑县	22376	21130	1246	22340	21149	1191	1308128	1280485	27643	58555	60546	23210
城固县	31574	30022	1552	30989	29336	1653	1832372	1789531	42841	59130	61001	25917
洋 县	23908	22812	1096	23727	22511	1216	1363389	1310911	52478	57461	58234	43156
西乡县	21212	17230	3982	20234	16526	3708	936764	821683	115081	46297	49721	31036
勉 县	30360	26411	3949	30614	26689	3925	1388314	1281454	106860	45349	48014	27225
宁强县	17542	15419	2123	17451	15386	2065	837541	767162	70379	47994	49861	34082
略阳县	15742	15085	657	16101	15437	664	878307	855709	22598	54550	55432	34033
镇巴县	15748	14414	1334	15426	14111	1315	756283	712839	43444	49027	50517	33037
留坝县	5363	5321	42	5302	5263	39	241376	240420	956	45525	45681	24513
佛坪县	3345	3118	227	3241	3045	196	191062	186467	4595	58952	61237	23444

注：在岗职工中包括劳务派遣人员。

主要统计指标解释

人口数　指一定时点、一定地区范围内有生命的个人总和。年度统计的年末人口数指每年12月31日24时的人口数。年度统计的全国人口总数内未包括香港、澳门特别行政区和台湾省以及海外华侨人数。

城镇人口和乡村人口　城镇人口是指居住在城镇范围内的全部常住人口；乡村人口是除上述人口以外的全部人口。

出生率（又称粗出生率）　指在一定时期内（通常为一年）一定地区的出生人数与同期内平均人数（或期中人数）之比，用千分率表示。本资料中的出生率指年出生率，其计算公式为：

$$出生率=\frac{年出生人数}{年平均人数}\times 1000‰$$

式中：出生人数指活产婴儿，即胎儿脱离母体时（不管怀孕月数），有过呼吸或其他生命现象。年平均人数指年初、年底人口数的平均数，也可用年中人口数代替。

死亡率（又称粗死亡率）　指在一定时期内（通常为一年）一定地区的死亡人数与同期内平均人数（或期中人数）之比，用千分率表示。本资料中的死亡率指年死亡率，其计算公式为：

$$死亡率=\frac{年死亡人数}{年平均人数}\times 1000‰$$

人口自然增长率　指在一定时期内（通常为一年）人口自然增加数（出生人数减死亡人数）与该时期内平均人数（或期中人数）之比，用千分率表示。计算公式为：

$$人口自然增长率=\frac{本年出生人数-本年死亡人数}{年平均人数}\times 1000‰$$

$$=人口出生率-人口死亡率$$

就业人员　指在一定年龄以上，有劳动能力，为取得劳动报酬或经营收入而从事一定社会劳动的人员。具体指年满16周岁，为取得报酬或经营利润，在调查周内从事了1小时（含1小时）以上的劳动或由于学习、休假等原因在调查周内暂时处于未工作状态，但有工作单位或场所的人口。

单位就业人员　指报告期末最后一日24时在本单位中工作，并取得工资或其他形式劳动报酬的人员数。该指标为时点指标，不包括最后一日当天及以前已经与单位解除劳动合同关系的人员，是在岗职工、劳务派遣人员及其他就业人员之和。就业人员不包括：

（1）离开本单位仍保留劳动关系，并定期领取生活费的人员；

（2）利用课余时间打工的学生及在本单位实习的各类在校学生；

（3）本单位因劳务外包而使用的人员。

城镇私营和个体就业人员　城镇私营就业人员指在工商管理部门注册登记，其经营地址设在县城关镇（含县城关镇）以上的私营企业就业人员，包括私营企业投资者和雇工。城镇个体就业人员指在工商管理部门注册登记，并持有城镇户口或在城镇长期居住，经批准从事个体工商经营的就业人员，包括个体经营者和在个体工商户劳动的家庭帮工和雇工。

国有单位　指资产归国家所有的经济组织。包括按《中华人民共和国企业法人登记管理条例》规定登记注册的非公司制的经济组织，以及中央、地方各级国家机关、事业单位和社会团体。

集体单位　指生产资料归集体所有，并按《中华人民共和国企业法人登记管理条例》规定登记注册的经济组织。

其他单位　包括股份合作单位、联营单位、有限责任公司、股份有限公司、港澳台商投资单位以及外商投资单位等其他登记注册类型单位。

在岗职工　指在本单位工作且与本单位签订劳动合同，并由单位支付各项工资和社会保险、住房公积金的人员，以及上述人员中由于学习、病伤、产假等原因暂未工作仍由单位支付工资的人员。在岗职工还包括：

（1）应订立劳动合同而未订立劳动合同人员（如使用的农村户籍人员）；

（2）处于试用期人员；

（3）编制外招用的人员；

（4）派往外单位工作，但工资仍由本单位发放的人员（如挂职锻炼、外派工作等情况）。

工资总额　指根据《关于工资总额组成的规定》（1990年1月1日国家统计局发布的一号令）进行修订，在报告期内（季度或年度）直接支付给本单位全部就业人员的劳动报酬总额。包括计时工资、计件工资、奖金、津贴和补贴、加班加点工资、特殊情况下支付的工资，是在岗职工工资总额、劳务派遣人员工资总额和其他就业人员工资总额之和。

工资总额是税前工资，包括单位从个人工资中直接为其代扣或代缴的房费、水费、电费、住房公积金和社会保险基金个人缴纳部分等。

工资总额不论是计入成本的还是不计入成本的，不论是以货币形式支付的还是以实物形式支付的，均应列入工资总额的计算范围。

平均工资　指单位就业人员在一定时期内平均每人所得的工资额。它表明一定时期工资收入的高低程度，是反映就业人员工资水平的主要指标。计算公式为：

$$\text{平均工资}=\frac{\text{报告期就业人员工资总额}}{\text{报告期就业人员平均人数}}$$

平均工资指数　指报告期就业人员平均工资与基期就业人员平均工资的比率，是反映不同时期就业人员货币工资水平变动情况的相对数。计算公式为：

$$\text{平均工资指数}=\frac{\text{报告期就业人员平均工资}}{\text{基期就业人员平均人数}}\times 100\%$$

平均实际工资指数　就业人员平均实际工资指扣除物价变动因素后的就业人员平均工资。就业人员平均实际工资指数是反映实际工资变动情况的相对数，表明就业人员实际工资水平提高或降低的程度。计算公式为：

$$\text{平均实际工资指数}=\frac{\text{报告期就业人员平均工资指数}}{\text{报告期城镇居民消费价格指数}}\times 100\%$$

四、建筑业、固定资产投资和房地产

2016年汉中市		
具有建筑业资质等级的建筑施工企业	129个	
全社会固定资产投资	1209.89亿元	比上年增长24.5%
房地产开发投资	85.40亿元	比上年增长25.2%
商品房销售面积	141.83万平方米	比上年增长13.7%

4-1 建筑施工企业主要经济指标（2016年）

指 标	单 位	合 计	比上年增长%	国有经济	比上年增长%	非国有经 济	比上年增长%
企业单位个数	个	129	8.4	14	0.0	115.0	9.5
计算建筑业全员劳动生产率平均人数	个	60917	-6.5	9908	16.0	51009.0	-9.9
总产值	万元	1781722.5	22.7	580886.6	23.1	1200835.9	22.5
施工面积	万平方米	1571.1	17.8	565.5	22.9	1005.7	15.1
竣工面积	万平方米	610.2	32.6	165.9	2.7	444.3	48.8
固定资产原值	万元	166980.9	-14.0	12148.1	-27.4	154832.8	-12.8
本年折旧	万元	7327	-41.9	342.7	-81.5	6984.3	-35.0
应付职工薪酬	万元	217641.8	14.3	27684.8	11.1	189957.0	14.8
主营业务税金及附加	万元	47830	17.3	10929.9	-11.9	36900.1	30.1
管理费用中的税金	万元	1670.8	20.5	386.4	20.0	1284.4	20.7
营业利润	万元	34928.6	35.6	4452.90	-1.8	30475.7	43.6
利润总额	万元	35137.1	31.7	4590.0	1.1	30547.1	38.0
房屋建筑面积竣工率	%	38.8	4.3	29.3	-16.5	44.2	29.3
产值利润率	%	2.0	0.1	0.8	-17.9	2.5	12.6

4−2 全社会固定资产投资（2016年）

指　标	总量（亿元）	比上年增长（%）
全社会固定资产投资	**1209.89**	**24.5**
一、固定资产投资总计	1061.25	20.9
其中：房地产开发投资	85.40	25.2
按构成分：		
1.建筑安装工程	799.24	18.1
2.设备工器具购置	90.24	12.4
3.其他费用	171.77	26.5
二、跨区投资	122.88	81.0
三、农户投资	25.76	0.1

4−3 固定资产投资（2016年）

指　标	总量（亿元）	比上年增长（%）
一、固定资产投资完成	1061.25	20.9
其中：市县区属	1050.20	22.2
1、项目投资	975.85	20.5
其中：市县区属	964.80	23.0
2、商品房开发	85.40	25.2
其中：市县区属	85.40	25.2
二、本年新增固定资产	639.95	−8.2
三、房屋竣工面积（万M^2）	434.23	−15.2
其中：市县区属（万M^2）	428.23	−16.1
住宅（万M^2）	268.69	−21.1

4-4 固定资产投资主要指标及构成（2016年）

指 标	2016年	比上年增长（%）
一、计划投资（万元）		
1．计划总投资	19201067	22.5
其中：本年新开工项目	10117349	43.6
2．自开始建设累计完成投资	17787413	38.5
二、自年初累计完成投资（万元）	10612489	20.9
其中：国有及国有控股	4125955	5.3
其中：住宅	982509	-17.0
1．按登记注册类型分		
内资企业	10430567	22.9
国有企业	3986604	1.3
集体企业	332723	-52.8
其他企业	6111240	58.9
港、澳、台商投资企业	14222	-79.6
外商投资企业	87230	100.3
个体经营	80470	287.9
2．按建设性质分		
（1） 新建	7976375	30.7
（2） 扩建	418814	36.4
（3） 改建和技术改造	1189833	-18.7
3．按构成分		
建筑工程	7326870	19.6
安装工程	665527	26.5
设备工器具购置	902353	12.4
其他费用	1717739	26.5
4．按国民经济行业分		
（一）农、林、牧、渔业	954110	34.2

4-4 续表 1

指　标	2016 年	比上年增长（%）
农业	497774	26.6
林业	68088	5.3
畜牧业	159190	41.6
渔业	81822	111.4
农、林、牧、渔服务业	147236	44.1
（二）采矿业	165978	−57.5
煤炭开采和洗选业	665	−94.5
石油和天然气开采业		
黑色金属矿采选业	46187	−46.1
有色金属矿采选业	37185	−76.0
非金属矿采选业	79826	−42.2
开采辅助活动	2115	
其他开采业		
（三）制造业	1193740	−3.0
农副食品加工业	152288	−39.3
食品制造业	45504	43.5
酒、饮料和精制茶制造业	205879	72.6
烟草制品业	859	−81.5
纺织业	3702	−24.5
纺织服装和服饰业		
皮革、毛皮、羽毛（绒）及其制品业		
木材加工及木、竹、藤、棕、草制	15760	245.2
家具制造业	9946	−33.6
造纸及纸制品业		
印刷业和记录媒介的复制	1310	−88.1
文教体育用品制造业		−100.0
石油加工、炼焦及核燃料加工业	4900	
化学原料及化学制品制造业	42847	31.1

4-4 续表 2

指 标	2016年	比上年增长（%）
医药制造业	81781	27.4
化学纤维制造业		
橡胶和塑料制品业	9062	-73.8
非金属矿制品业	161113	2.6
黑色金属冶炼和压延加工业	52371	-3.6
有色金属冶炼和压延加工业	6990	-51.4
金属制品业	30793	-53.0
通用设备制造业	68625	32.2
专用设备制造业	22185	37.3
汽车制造业	37044	-11.7
铁路、船舶、航空航天等制造业	147494	-18.8
电气机械及器材制造业	58278	399.6
计算机、通信和其他电子设备制造业	17031	-42.4
仪器仪表制造业	4996	-34.3
其他制造业	4440	
废弃资源综合利用业	8542	-63.7
金属制品、机械和设备修理业		
（四）电力、热力、燃气及水的生产和供应业	266644	31.7
电力、热力的生产和供应业	167930	46.3
燃气生产和供应业	43929	-14.3
水的生产和供应业	54785	50.2
（五）建筑业	15550	384.4
房屋建筑业		
土木工程建筑业	4890	68.6
建筑安装业	2300	641.9
建筑装饰和其他建筑业	8360	
（六）批发和零售业	320482	6.0

4-4 续表 3

指　标	2016 年	比上年增长（%）
批发业	84475	-1.9
零售业	236007	9.1
（七）交通运输、仓储和邮政业	781834	81.4
铁路运输业	4805	-49.6
道路运输业	705745	98.9
水上运输业		
航空运输业		-100.0
管道运输业		
装卸搬运和运输代理业	2960	
仓储业	68324	13.5
邮政业		
（八）住宿和餐饮业	162198	43.1
住宿业	79662	41.2
餐饮业	82536	45.1
（九）信息传输、软件和信息技术服务业	142821	65.7
电信、广播电视和卫星传输服务业	135251	66.1
互联网和相关服务业	6290	
软件和信息技术服务业	1280	-73.1
（十）金融业	10327	146.6
货币金融业	10327	512.2
资本市场业		
保险业		
其他金融业		-100.0
（十一）房地产业	2940477	44.4
房地产业	2940477	44.4
（十二）租赁和商务服务业	215436	128.8
租赁业		-100.0
商务服务业	215436	136.2

4-4 续表 4

指　标	2016 年	比上年增长（%）
（十三）科学研究和技术服务业	34277	168.9
研究与试验发展	4356	
专业技术服务业	9322	-23.3
科技交流和推广服务业	20599	3373.7
（十四）水利、环境和公共设施管理业	2610475	10.5
水利管理业	439966	119.7
生态保护和环境治理业	44819	-34.8
公共设施管理业	2125690	1.5
（十五）居民服务和其他服务业	48454	10.3
居民服务业	19865	-32.2
机动车、电子产品和日用产品修理业	8754	-17.8
其他服务业	19835	395.9
（十六）教育	243733	61.2
教育	243733	61.2
（十七）卫生和社会工作	152004	3.3
卫生	93237	-24.1
社会工作	58767	141.9
（十八）文化、体育和娱乐业	90203	83.2
新闻和出版业	1000	-60.0
广播、电视、电影和影视录音制作业	6510	-43.4
文化艺术业	34308	195.0
体育	28125	74.0
娱乐业	20260	172.1
（十九）公共管理和社会组织	263746	-35.2
中国共产党机关	800	
国家机构	156378	38.1
人民政协和民主党派		
社会保障	11010	-34.9

4-4 续表 5

指 标	2016 年	比上年增长 (%)
群众团体、社会团体和其他成员组织		
基层群众自治组织	95558	-65.5
(二十) 国际组织		
国际组织		
三、新增固定资产（万元）	**6399481**	**-8.2**
四、项目个数（个）		
1. 施工项目个数	2626	33.5
其中：本年新开工	2059	38.7
2. 本年投产项目个数	1858	40.4
五、房屋建筑面积（平方米）		
1. 施工面积	15136725	-25.1
其中：住宅	10320754	-32.4
2. 竣工面积	4342264	-15.2
其中：住宅	2686943	-21.1
六、本年资金来源合计（万元）	**10401300**	**24.6**
1. 上年末结余资金	393446	14.1
2. 本年资金来源小计	10007854	25.1
(1) 国家预算资金	1310353	73.8
(2) 国内贷款	1897170	165.7
(3) 债券	0	
(4) 利用外资	0	-100.0
其中：外商直接投资	0	-100.0
(5) 自筹资金	6039214	12.2
其中：企、事业单位自有资金	1111245	33.3
(6) 其他资金来源	761117	-33.3
七、各项应付款合计（万元）	**1479661**	**-14.1**
其中：工程款	634954	-14.5

4−5 各县区固定资产投资（2016年）

地 区	全社会投资完成（亿元）	比上年增长（%）	固定资产投资完成（亿元）	比上年增长（%）
全 市	**1209.89**	**24.5**	**1061.25**	**20.9**
汉台区	340.28	37.3	317.64	32.2
南郑县	124.78	36.8	103.63	36.8
城固县	218.35	29.0	207.95	27.5
洋 县	96.45	−18.3	75.05	−27.3
西乡县	99.58	23.4	89.12	19.3
勉 县	66.95	26.4	54.00	22.7
宁强县	99.96	26.6	81.30	25.4
略阳县	38.50	22.5	31.69	14.8
镇巴县	75.01	22.9	73.51	21.5
留坝县	26.57	24.7	10.61	1.0
佛坪县	23.46	24.7	16.76	23.2

4-6 固定资产投资新增能力或效益（2016年）

指 标	单 位	本年新增
铁矿开采（原矿）	万吨 / 年	5
水力发电	万千瓦	35.5
太阳能发电	万千瓦	16.86
其他发电	万千瓦	3.67
输电线路长度（ 110KV 及以上）	公里	89
水泥	万吨 / 年	0.3
白酒	万吨 / 年	0.5
其他酒	万吨 / 年	0.02
新建公路	公里	107.2
其中：二级公路	公里	10
改建公路	公里	1527
其中：一级公路	公里	39
二级公路	公里	163.2
新建独立公路桥梁	延长米	944.02
新建独立公路桥梁	座	7
城市自来水供水能力	万吨 / 日	13
城市污水处理能力	万吨 / 日	40.4

4-7 房地产开发投资（2016年）

单位：万元

指 标	2016 年	比上年增长（%）
计划总投资	**5433374**	**32.7**
自开始建设累计完成投资	3392013	8.2
本年完成投资	854003	25.2
其中：国有控股	43696	-26.3
内资企业	804003	18.7
国有企业	5787	-29.7
有限责任公司	314934	-24.3
其中：国有独资公司	30600	16.7
其他有限责任公司	284334	-27.1
股份有限公司	11349	12.7
私营企业	471933	94.4
私营有限责任公司	441280	115.3
私营股份有限公司	30653	-19.1
外商投资企业	50000	960.0
中外合资经营企业	50000	960.0
按构成分：建筑工程	588903	13.0
安装工程	108664	38.7
设备工器具购置	23412	124.9
其他费用	133024	84.9
其中：旧建筑物购置费	12663	90.9
土地购置费	98186	128.1
住宅	541441	6.2
其中：90 平方米及以下	138869	10.2
90-144 平方米	342369	-10.8
144 平方米以上	60203	112.7
别墅、高档公寓	7090	-41.5
办公楼	7746	-36.0
商业营业用房	207674	111.1
其他	97142	57.2
本年新增固定资产	**366842**	**19.8**
一、本年实际到位资金合计	**1111075**	**17.1**

4-7 续表 1

单位：万元

指　标	2016 年	比上年增长（%）
1．上年末结余资金	208960	-9.4
2．本年实际到位资金小计	902115	25.6
（1） 国内贷款	90197	29.1
银行贷款	80863	19.5
非银行金融机构贷款	9334	318.0
（3） 自筹资金	449604	63.7
其中：自有资金	187441	148.1
股东投入资金	33173	-21.3
借入资金	91003	20.8
（4） 其他资金来源	362314	-3.1
其中：定金及预收款	205437	-5.0
个人按揭贷款	118688	7.0
二、本年各项应付款合计	**334199**	**15.7**
其中：工程款	241312	13.1
项目规划占地面积	10250873	2.0
项目规划建筑面积	26494244	3.5
其中：住宅	20663335	-1.6
商业营业用房	3197988	47.1
办公楼	137288	43.9
其他	2495633	6.7
规划住宅套数	159546	-5.9
其中： 90 平方米以下	41558	6.2
144 平方米以上	8664	9.9
别墅、高档公寓	490	50.8
项目个数	284	5.2
待开发土地面积	649225	53.0
本年土地购置面积	512059	43.8
本年土地成交价款	34754	-55.1
其中：拆迁补偿费	2188	-55.8
土地使用权出让金	23803	-63.4
契税	285	9.6

4-8 房地产开发施工、销售以及待售（2016年）

指　标	计量单位	合　计	住　宅	90平方米及以下	144平方米以上	其中：别墅、高档公寓	办公楼	商业营业用房	其　他
房屋施工面积	平方米	8683085	6758012	1340737	318851	13004	77722	1166463	680888
其中：本年新开工面积	平方米	2047823	1387348	225650	64189	13004	28526	426865	205084
本年房屋竣工面积	平方米	1353330	1098462	218578	53919		62244	141640	50984
其中：不可销售面积	平方米	220932	176205	134321			9364	26990	8373
本年住宅竣工套数	套		10781	3563	337				
本年房屋竣工价值	万元	299639	240297	52559	14971		12261	37968	9113
本年批准预售面积	平方米	1344305	988621	121625	22401	11700	32925	268416	54343
本年批准预售住宅套数	套		8825	1636	116	20			
房屋出租面积	平方米	422						422	
本年商品房销售面积	平方米	1418331	1289597	135883	66373	5800	2514	94235	31985
现房销售面积	平方米	350879	312173	22018	21330	4072	205	30554	7947
期房销售面积	平方米	1067452	977424	113865	45043	1728	2309	63681	24038
本年商品房销售额	万元	501098	402394	45410	24006	2572	1224	73838	23642
现房销售额	万元	125383	95841	6195	7493	1874	133	27377	2032
期房销售额	万元	375715	306553	39215	16513	698	1091	46461	21610
本年商品住宅销售套数	套		11609	1685	393	89			
现房销售套数	套		2763	268	128	69			
期房销售套数	套		8846	1417	265	20			
待售面积	平方米	1184418	764277	19147	54319	9956	13225	259138	147778
其中：待售13年（含1年）	平方米	414174	188818	11848	12857	8959	9089	146272	69995
待售3年以上（含3年）	平方米	30215	11687		152			8620	9908

4-9 各县区房地产开发投资额和销售面积

地区	投资额（亿元）			销售面积（万平方米）		
	2016年	2015年	2016年比2015年增长%	2016年	2015年	2016年比2015年增长%
汉中市	**85.40**	**68.20**	**25.2**	**141.83**	**124.69**	**13.7**
汉台区	26.37	21.11	24.9	45.00	35.78	25.8
南郑县	26.45	20.72	27.6	32.22	25.21	27.8
城固县	2.54	4.02	−36.8	8.90	9.49	−6.2
洋县	4.77	3.81	25.0	13.82	14.45	−4.3
西乡县	14.40	7.22	99.3	13.87	11.65	19.1
勉县	5.79	6.84	−15.3	20.81	19.88	4.7
宁强县	2.31	0.99	133.5	2.07	2.16	−4.0
略阳县	1.88	1.96	−4.1	1.54	2.50	−38.3
镇巴县	0.88	1.52	−41.9	3.60	3.58	0.4

主要统计指标解释

全社会固定资产投资 是以货币形式表现的在一定时期内全社会建造和购置固定资产的工作量以及与此有关的费用的总称。该指标是反映固定资产投资规模、结构和发展速度的综合性指标，又是观察工程进度和考核投资效果的重要依据。

固定资产投资（不含农户） 指城镇和农村各种登记注册类型的企业、事业、行政单位及城镇个体户进行的计划总投资500万元及500万元以上的建设项目投资和房地产开发投资。

房地产开发投资 指各种登记注册类型的房地产开发法人单位统一开发的包括统代建、拆迁还建的住宅、厂房、仓库、饭店、宾馆、度假村、写字楼、办公楼等房屋建筑物和配套的服务设施，土地开发工程（如道路、给水、排水、供电、供热、通讯、平整场地等基础设施工程）的投资；不包括单纯的土地交易活动。

固定资产投资的资金来源 根据固定资产投资的资金来源不同，分为国家预算资金、国内贷款、债券、利用外资、自筹资金和其他资金。

（1）国家预算资金：指各级政府用于固定资产投资的财政资金，包括中央预算资金和地方预算资金。国家预算包括一般预算、政府性基金预算、国有资本经营预算和社保基金预算。各类预算中用于固定资产投资的资金全部作为国家预算资金填报。各级政府债券也应归入国家预算资金。

（2）国内贷款：指报告期固定资产投资项目单位向银行及非银行金融机构借入用于固定资产投资的各种国内借款，包括银行利用自有资金及吸收存款发放的贷款、上级主管部门拨入的国内贷款、国家专项贷款、地方财政专项资金安排的贷款、国内储备贷款、周转贷款等。

（3）债券：指企业或金融机构为筹集用于固定资产投资的资金向投资者出具的承诺按一定发行条件还本付息的债务凭证，包括金融债券和企业债券。

（4）利用外资：指报告期收到用于固定资产建造和购置的境外资金（包括设备、材料、技术在内）。包括对外借款（外国政府贷款、国际金融组织贷款、出口信贷、外国银行商业贷款、对外发行债券和股票）、外商直接投资及外商其他投资。不包括我国自有外汇资金（国家外汇、地方外汇、留成外汇、调剂外汇和中国境内银行自有资金发放的外汇贷款等）。各类外资按报告期的外汇牌价（中间价）折算成人民币计算。

（5）自筹资金：指固定资产投资单位在报告期内筹集的用于项目建设和购置的资金。包括自有资金、股东投入资金和借入资金，但不包括各类财政性资金、从各类金融机构借入资金和国外资金。

（6）其他资金：指在报告期收到的除以上各种资金之外用于固定资产投资的资金。包括社会集资、个人资金、无偿捐赠的资金及其他单位拨入的资金等。

固定资产投资按构成分 固定资产投资活动按其工作内容和实现方式分为建筑安装工程，设备工器具购置，其他费用三个部分。

（1）建筑安装工程（建筑安装工作量）：指各种房屋、建筑物的建造工程和各种设备、装置的安装工程。包括各种房屋建造工程；各种用途设备基础和各种工业窑炉的砌筑工程及金属结构工程；为施工而进行的各种准备工作和临时工程以及完工后的清理工作等；铁路、道路的铺设，矿井的开凿及石油管道的架设等；水利工程；防空、地下建筑等特殊工程；列入房屋工程预算内的暖气、卫生、通风、照明、煤气等设备的价值及装设油饰工程；列入建筑工程预算内的各种管道（蒸汽、压缩空气、石油、给排水等管道）、电力、电讯电缆导线等的敷设工程；以及各种机械设备的安装工程；为测定安装工程质量，对设备进行单机试运、系统联动无负荷试运工作；房地产开发单位进行的商品房屋开发建设工程、土地开发工程。

在安装工程中，不包括被安装设备本身的价值。

（2）设备工器具购置：指报告期内购置或自制的，达到固定资产标准的设备、工具、器具的价值。

（3）其他费用：指在固定资产建造和购置过程中发生的，除建筑安装工程和设备、工器具购置投资完成额以外的应分摊计入固定资产投资项目的费用，不指经营中财务上的其他费用。

新增生产能力（或工程效益）　指通过固定资产投资活动而增加的设计能力（或工程效益），该指标是以实物形态表现的反映固定资产投资成果的指标，也是考核投资经济效果的重要依据之一。

为了规范新增生产能力（或工程效益）的名称和计算单位，国家统计局制订了《新增生产能力（或工程效益）目录及代码》。各固定资产投资单位在统计新增生产能力（或工程效益）时，必须按目录中规定的名称、计量单位和代码填报。

本年新增固定资产　指在报告期已经完成建造和购置过程，并已交付生产或使用单位的固定资产的价值，包括已经建成投入生产或交付使用的工程投资和达到固定资产标准的设备、工具、器具的投资及有关应摊入的费用。该指标是表示固定资产投资成果的价值指标，也是反映建设进度，计算固定资产投资效果的重要指标。

房屋建筑面积　指房屋建筑物勒脚以上外墙外围的水平截面面积，包括房屋建筑物的有效面积和结构面积。该指标是从实物形态上反映建设规模和建设成果的重要指标之一，也是检查工程形象进度、计算工程造价、分析投资效果、研究施工任务和建筑材料之间平衡情况的重要依据。

住宅建筑面积　指施工和竣工房屋建筑面积中供居住用的房屋建筑面积。

施工面积　指报告期内施工的全部房屋建筑面积。包括本期新开工的面积和上期开工跨入本期继续施工的房屋面积，以及上期已停建在本期恢复施工的房屋面积。本期竣工和本期施工后又停缓建的房屋，其建筑面积仍计入本期房屋施工面积中。

竣工面积　指在报告期内房屋建筑按照设计要求已经全部完工，达到住人和使用条件，经验收鉴定合格（或达到竣工验收标准），正式移交使用单位的各栋房屋建筑面积的总和。

商品房销售面积　指报告期内出售商品房屋的合同总面积（即双方签署的正式买卖合同中所确定的建筑面积）。由现房销售建筑面积和期房销售建筑面积两部分组成。

商品房销售额　指报告期内出售商品房屋的合同总价款（即双方签署的正式买卖合同中所确定的合同总价）。该指标与商品房销售面积同口径，由现房销售额和期房销售额两部分组成。

五、财政、金融和保险

2016年汉中市

地方财政收入	45.19亿元	比上年增长11.3%
财政支出	280.17亿元	比上年增长8.3%
金融机构人民币存款余额	1752.53亿元	比上年增长10.1%
金融机构人民币贷款余额	680.21亿元	比上年增长7.9%
保费收入	46.98亿元	比上年增长8.9%
财产险	9.76亿元	比上年增长14.2%
人身险	37.22亿元	比上年增长7.6%

5-1 地方财政分项目收入（2016年）

单位：万元

项 目	2016年	项 目	2016年
一、税收收入	**301444**	契税	20898
增值税	81812	烟叶税	3665
营业税	64630	**二、非税收入**	**150461**
企业所得税	18996	专项收入	34854
个人所得税	8036	行政事业性收费收入	49227
资源税	2718	罚没收入	17549
城市维护建设税	38096	国有资本经营收入	-375
房产税	9673	国有资源（资产）有偿使用收入	38097
印花税	5186	捐赠收入	709
城镇土地使用税	7642	政府住房基金收入	7961
土地增值税	10255	其他收入	2439
车船税	7452	**合 计**	**451905**
耕地占用税	22385		

5-2 财政分项目支出（2016年）

单位：万元

项 目	2016年	项 目	2016年
一般公共服务支出	264638	交通运输支出	57663
国防支出	1173	资源勘探信息等支出	34791
公共安全支出	126172	商业服务业等支出	25456
教育支出	581332	金融支出	217
科学技术支出	17308	国土海洋气象等支出	26117
文化体育与传媒支出	54114	住房保障支出	144014
社会保障和就业支出	350954	粮油物资储备支出	7452
医疗卫生与计划生育支出	348007	其他支出	23400
节能环保支出	140525	债务付息支出	13275
城乡社区支出	133667	**合 计**	2801731
农林水支出	451456		

5-3 各县区财政收入与支出（2016年）

地 区	地方财政收入（万元）	同口径增幅（%）	财政支出（万元）	增幅（%）
汉中市	**451905**	**11.3**	**2801731**	**8.3**
市本级	92829	10.5	355601	-6.9
汉台区	110065	13.6	285947	8.1
南郑县	72118	8.6	311035	6.1
城固县	30615	12.0	306988	9.6
洋 县	24656	13.4	276666	11.8
西乡县	25802	11.5	239611	7.7
勉 县	27939	9.0	263309	18.0
宁强县	15544	11.0	200081	7.0
略阳县	11977	12.8	181022	28.6
镇巴县	10609	7.9	190789	6.7
留坝县	7833	22.9	75984	8.0
佛坪县	4418	13.4	76669	15.7
开发区	11128	20.1	13792	2.0
兴汉新区	6372	-9.6	24237	42.6

注：数据来源于汉中市财政局。

5-4 金融机构信贷收支（2016年）

单位：万元

指 标	金融机构	
	年末余额	比年初增减额
一、各项存款	17525294	1606140
（一）境内存款	17524460	1606402
1．住户存款	12160005	1368328
2．非金融企业存款	2401824	186831
3．广义政府存款	2956375	55315
4．非银行业金融机构存款	6256	−4072
（二）境外存款	833	−262
二、借贷及非银行业金融机构拆入	1451	−54
三、应付及暂收款	383758	−7885
四、各项准备	275562	17410
五、所有者权益	365372	19087
六、其他	−2653680	−861513

5-4 续表 1

单位：万元

指 标	金融机构	
	年末余额	比年初增减额
一、各项贷款	6802081	496656
(一) 境内贷款	6802007	496631
1. 住户贷款	2517975	288215
(1) 短期贷款	462347	88662
(2) 中长期贷款	2055627	199553
2. 非金融企业及机关团体贷款	4284032	208416
(二) 境外贷款	74	25
二、债券投资	11765	-44992
三、股权及其他投资	2790	-122000
四、联行往来（净）	8911883	451026
五、应收及预付款	31421	-9091
六、投资性房地产	793	793
七、固定资产	137024	792
资金运用总计	**15897756**	**773184**

注：数据来源于中国人民银行汉中支行。

5-5 保险业务（2016年）

指　标	2016 年
一、保费收入（万元）	469823
（一）财产保险	97594
1．企财险	1270
2．家财险	569
3．机动车辆险	79488
5．工程险	878
6．责任险	3858
7．货运险	380
8．农险	4337
9．意外健康险	6814
（二）人身险	372229
二、赔款给付退保支出（万元）	122868
（一）财产保险	43347
（二）人身险	79521
三、从业人员（人）	11686
（一）财产保险	909
（二）人身险	10777

注：数据来源于保险协会汉中办事处。

5-6 各县区保险业务（2016年）

单位：万元

地　区	保费收入		赔款与给付	
	人身险	财产险	人身险	财产险
汉 中 市	**372229**	**97594**	**79521**	**43347**
汉 台 区	165324	54084	44361	23777
南 郑 县	33551	5951	5055	2594
城 固 县	38054	7549	6677	4321
洋　　县	35677	5524	6065	2459
西 乡 县	22334	4678	2891	2075
勉　　县	25958	9097	5776	3393
宁 强 县	17629	3503	3198	1583
略 阳 县	16592	3234	2801	1553
镇 巴 县	14001	2362	2219	1075
留 坝 县	2584	959	469	336
佛 坪 县	527	653	8	180

注：数据来源于保险协会汉中办事处。

主要统计指标解释

财政收入　指国家财政参与社会产品分配所取得的收入，是实现国家职能的财力保证。主要包括：

（1）各项税收：包括国内增值税、国内消费税、进口货物增值税和消费税、出口货物退增值税和消费税、营业税、企业所得税、个人所得税、资源税、城市维护建设税、房产税、印花税、城镇土地使用税、土地增值税、车船税、船舶吨税、车辆购置税、关税、耕地占用税、契税、烟叶税等。

（2）非税收入：包括专项收入、行政事业性收费、罚没收入和其他收入。

财政支出　指国家财政将筹集起来的资金进行分配使用，以满足经济建设和各项事业的需要。主要包括：

（1）一般公共服务：指政府提供基本公共管理与服务的支出，包括人大事务、政协事务、政府办公厅（室）及相关机构事务、发展与改革事务、统计信息事务、财政事务、税收事务、审计事务、海关事务、人力资源事务、纪检监察事务、人口与计划生育事务、商贸事务、知识产权事务、工商行政管理事务、国土资源事务、海洋管理事务、测绘事务、地震事务、气象事务、民族事务、宗教事务、港澳台侨事务、档案事务、共产党事务、民主党派事务及工商联事务、群众团体事务、彩票事务等。

（2）外交：指政府外交事务支出，包括外交行政管理、驻外机构、对外援助、国际组织、对外合作与交流、边界勘界联检等方面的支出。

（3）国防：指政府用于国防方面的支出，包括用于现役部队、预备役部队、民兵、国防科研事业、专项工程、国防动员等方面的支出。

（4）公共安全：指政府维护社会公共安全方面的支出，包括武装警察、公安、国家安全、检察、法院、司法行政、监狱、劳教、国家保密、缉私警察等。

（5）教育：指政府教育事务支出，包括教育行政管理、学前教育、小学教育、初中教育、普通高中教育、普通高等教育、初等职业教育、中专教育、技校教育、职业高中教育、高等职业教育、广播电视教育、留学生教育、特殊教育、干部继续教育、教育机关服务等。

（6）科学技术：指用于科学技术方面的支出，包括科学技术管理事务、基础研究、应用研究、技术研究与开发、科技条件与服务、社会科学、科学技术普及、科技交流与合作等。

（7）文化教育与传媒：指政府在文化、文物、体育、广播影视、新闻出版等方面的支出。

（8）社会保障和就业：指政府在社会保障与就业方面的支出，包括社会保障和就业管理事务、民政管理事务、财政对社会保险基金的补助、补充全国社会保障基金、行政事业单位离退休、企业改革补助、就业补助、抚恤、退役安置、社会福利、残疾人事业、城市居民最低生活保障、其他城镇社会救济、农村社会救济、自然灾害生活救助、红十字事务等。

（9）医疗卫生：指政府医疗卫生方面的支出，包括医疗卫生管理事务支出、医疗服务支出、医疗保障支出、疾病预防控制支出、卫生监督支出、妇幼保健支出、农村卫生支出等。

（10）环境保护：指政府环境保护支出，包括环境保护管理事务支出、环境监测与监察支出、污染治理支出、自然生态保护支出、天然林保护工程支出、退耕还林支出、风沙荒漠治理支出、退牧还草支出、已垦草原退耕还草、能源节约利用、污染减排、可再生能源和资源综合利用等支出。

（11）城乡社区事务：指政府城乡社区事

务支出，包括城乡社区管理事务支出、城乡社区规划与管理支出、城乡社区公共设施支出、城乡社区住宅支出、城乡社区环境卫生支出、建设市场管理与监督支出等。

（12）农林水事务：指政府农林水事务支出，包括农业支出、林业支出、水利支出、扶贫支出、农业综合开发支出等。

（13）交通运输：指政府交通运输和邮政业方面的支出，包括公路运输支出、水路运输支出、铁路运输支出、民用航空运输支出、邮政业支出等。

（14）工业商业金融等事务：指政府对工业、商业及金融等方面的支出，包括采掘业支出、制造业支出、建筑业支出、工业和信息产业监管支出、国有资产监管支出、商业流通事务支出、金融业监管支出、旅游业管理与服务支出等。

信贷资金　指金融机构以信用方式积聚和分配的货币资金。金融机构信贷资金的来源有各项存款、金融债券、对国际金融机构负债、流通中现金、其他项目等；信贷资金的运用有各项贷款、有价证券及投资、金银占款、外汇占款、财政借款及在国际金融机构中的资产等。

存款　指企业、机关、团体或居民根据资金必须收回的原则，把货币资金存入银行或其他信贷机构保管并取得一定利息的一种信用活动形式。根据存款对象或性质的不同可划分为单位存款、个人存款、财政性存款、临时性存款、委托存款、其他存款等科目。它是银行信贷资金的主要来源。

贷款　指银行或其他信贷机构根据资金必须归还的原则，按一定利率，为企业、个人等提供资金的一种信用活动形式。银行贷款分为境内贷款和境外贷款，境内贷款有短期贷款、中长期贷款、融资租赁、票据融资等。

保险公司　在中国境内的、经过保险监督管理部门批准设立，并依法登记注册的各类商业保险公司。

保险金额　指保险人承担赔偿或者给付保险金责任的最高限额。

保费　指投保人为取得保险人在约定范围内所承担赔偿责任而支付给保险人的费用。

赔款　指保险人根据保险合同的规定，向被保险人支付的赔偿保险责任损失的金额。

给付　包括死伤医疗给付和满期给付。死伤医疗给付是指保险人根据人寿保险及长期健康保险合同的规定，因被保险人在保险期内发生保险责任范围内的保险事故支付给被保险人（或受益人）的金额。满期给付是指被保险人生存期满，保险人按人寿保险合同规定支付给被保险人的满期保险金额。

六、价格指数和居民收入

2016 年汉中市		
居民消费价格指数（上年 =100）	102.0	
城市	101.9	
农村	102.3	
全体居民人均可支配收入	15678 元	比上年增长9.0%
城镇常住居民人均可支配收入	25595 元	比上年增长8.3%
农村常住居民人均可支配收入	8855 元	比上年增长8.5%

6-1　居民消费价格总指数（2016年）

（上年=100）

指　标	全　市	城　市	农　村
商品零售价格总指数	100.5	100.3	101.2
农业生产资料价格指数	101.2		
居民消费价格总指数	102.0	101.9	102.3
一、食品烟酒	104.4	104.7	103.7
1．食品	105.0	105.1	104.8
(1) 粮食	100.0	99.0	101.4
大米	100.3	100.0	100.8
面粉	99.3	97.6	100.6
其他粮食	94.3	89.9	102.3
粮食制品	101.2	100.1	103.1
(2) 薯类	105.5	105.2	106.2
(3) 豆类	99.5	99.9	98.6
干豆	92.9	91.9	94.7
豆制品	101.2	101.7	100.0
(4) 食用油	104.9	102.0	109.6
食用植物油	101.8	100.6	104.2
食用动物油	140.1	139.1	140.5
(5) 菜	112.5	113.3	110.7
鲜菜	113.2	113.7	111.9
干菜及菜制品	104.0	106.9	99.2
(6) 畜肉类	113.3	113.8	112.1
猪肉	118.2	117.5	120.1
牛肉	99.5	100.3	98.1
羊肉	92.0	90.9	93.0
畜肉副产品	117.4	118.9	114.1
其他畜肉及制品	109.8	110.6	106.3
(7) 禽肉类	100.3	100.6	99.7
鸡	98.3	98.7	97.4
鸭	110.5	108.5	114.9
其他禽肉及制品	103.6	103.7	103.2
(8) 水产品	103.2	104.3	100.2
淡水鱼	102.2	103.6	98.7
海水鱼	103.5	103.7	102.8

6-1 续表 1

(上年=100)

指 标	全 市	城 市	农 村
虾蟹类	106.6	108.4	98.8
其他水产品及制品	105.4	104.1	111.4
(9) 蛋类	96.7	96.5	96.8
鸡蛋	96.2	96.5	95.7
其他蛋及制品	99.1	96.6	101.5
(10) 奶类	99.3	98.8	100.2
鲜奶	99.7	100.0	99.1
酸奶	97.3	97.3	97.4
奶粉	99.3	97.5	103.5
其他奶制品	98.9	97.5	102.2
(11) 干鲜瓜果类	97.5	96.4	99.9
鲜瓜果	96.7	95.3	99.9
坚果	99.3	99.2	99.3
瓜果制品	101.8	101.7	101.8
(12) 糖果糕点类	99.9	99.0	101.9
食糖	108.0	109.9	104.0
糖果	97.5	96.8	98.7
糕点	98.6	96.8	102.6
其他糖果糕点	99.9	99.4	100.9
(13) 调味品	100.9	100.7	101.1
食用盐	100.0	100.0	100.0
酱油	98.9	98.0	99.9
食醋	100.9	101.1	100.8
调味酱	102.1	102.3	101.7
味精	100.0	100.0	100.1
其他调味品	103.1	102.0	107.3
(14) 其他食品类	103.5	104.0	102.5
方便食品	106.2	107.6	102.8
淀粉及制品	100.2	98.6	103.3
膨化食品	100.5	100.0	101.6
2．茶及饮料	101.4	100.2	103.6
茶叶	103.9	102.3	107.7
固体咖啡	101.3	98.6	104.0
其他固体饮料	102.1	102.3	101.6

6-1 续表 2

(上年=100)

指 标	全 市	城 市	农 村
饮用水	100.0	100.0	100.0
果汁饮料	99.1	95.4	101.4
其他液体饮料	95.2	94.0	97.9
3．烟酒	101.2	101.6	100.6
(1) 烟草	102.2	102.4	101.8
(2) 酒类	99.6	100.1	98.8
白酒	99.2	98.5	100.4
葡萄酒	99.6	100.5	98.4
啤酒	99.9	105.1	95.1
其他酒类	104.6	103.5	106.7
4．在外餐饮	104.9	105.8	101.8
正餐	110.3	111.8	104.1
快餐	100.1	100.0	100.3
地方小吃	100.1	100.2	100.0
其他在外餐饮	100.0	100.0	100.0
二、衣着	102.8	102.4	103.5
1．服装	104.4	104.8	103.4
(1) 男式服装	103.9	103.6	104.5
男式西服	93.5	90.3	101.1
男式冬衣	96.9	93.0	104.7
男式夹克衫	106.8	109.4	102.8
男式毛线衣	93.9	90.1	102.4
男式运动装	108.6	108.9	108.1
男式衬衫 T 恤	117.5	120.5	110.6
男式裤子	105.1	106.3	102.7
男式内衣	104.9	105.1	104.3
(2) 女式服装	104.4	105.1	102.8
女式外套	99.3	99.4	99.3
女式冬衣	98.4	94.3	107.5
女式毛线衣	94.9	90.4	104.7
女式运动装	113.3	119.5	105.0
女式衬衫 T 恤	117.3	125.5	102.1
女式裤子	100.9	100.0	102.5

6-1 续表 3

（上年=100）

指 标	全 市	城 市	农 村
女式裙子	121.7	128.5	100.9
女式内衣	100.7	101.0	100.1
(3) 儿童服装	105.1	105.7	103.1
婴幼服装	98.0	97.2	102.4
儿童上衣	104.3	105.0	102.6
儿童裤子	111.9	114.9	105.2
儿童裙子	106.6	108.1	100.3
2. 服装材料	106.1	110.2	99.6
3. 其他衣着及配件	106.2	106.6	105.4
袜子	107.1	108.5	104.5
帽子	106.3	105.6	108.6
其他衣着配件	104.2	104.5	103.0
4. 衣着加工服务费	106.9	106.8	107.1
衣着洗涤保养	106.5	108.3	101.8
衣着加工	108.0	101.1	114.8
5. 鞋类	97.8	95.2	103.7
(1) 鞋	97.6	94.9	103.9
男鞋	98.4	95.9	104.9
女鞋	96.0	92.9	104.4
童鞋	102.2	103.4	101.0
(2) 鞋类加工服务	105.7	115.8	99.9
三、居住	101.1	100.6	102.1
1. 租赁房房租	100.7	101.0	100.0
公房房租	104.8	106.3	100.3
私房房租	100.0	100.0	100.0
2. 住房保养维修及管理	99.7	99.1	100.8
(1) 住房装潢材料	98.3	98.0	98.7
木地板	98.3	99.5	96.0
瓷砖	93.5	90.9	97.5
水泥	100.5	101.4	99.4
涂料	98.3	97.4	99.9
板材	99.2	99.1	99.2

6-1 续表 4

(上年=100)

指 标	全 市	城 市	农 村
管材	100.8	103.3	96.8
厨卫设备	96.8	96.3	97.8
门窗	99.1	98.3	100.4
其他住房装潢材料	103.2	103.7	102.6
(2) 物业管理费	100.0	100.0	100.0
(3) 住房装潢维修	101.1	100.0	104.0
装潢维修费	101.3	100.0	104.7
其他住房费用	100.0	100.0	100.0
3．水电燃料	103.5	102.2	105.9
(1) 水	124.1	106.1	148.7
(2) 电	100.0	100.0	100.0
(3) 燃气	98.4	97.5	100.2
管道燃气	100.0	100.0	100.0
液化石油气	97.1	94.6	100.3
(4) 取暖费	108.1	111.3	100.0
(5) 其他燃料	100.5	98.8	102.4
4．自有住房	100.0	100.0	100.0
四、生活用品及服务	99.1	98.7	99.9
1．家具及室内装饰品	97.0	95.6	99.8
(1) 家具	96.4	94.8	99.9
柜	96.1	93.8	100.9
床	97.2	95.2	101.7
桌	96.6	96.9	95.6
椅	96.6	97.6	95.6
沙发	97.2	95.7	100.5
其他家具	93.0	88.2	101.9
(2) 室内装饰品	100.4	101.0	99.3
灯具	97.8	97.1	99.0
其他室内装饰品	104.3	106.8	99.7

6-1 续表 5

（上年=100）

指　标	全　市	城　市	农　村
2．家用器具	96.6	94.8	100.3
(1) 大型家用器具	96.2	94.5	100.0
洗衣机	93.9	92.0	97.8
电冰箱（ 柜 ）	97.4	95.4	100.7
抽油烟机	96.0	94.6	99.1
空调器	96.0	94.1	102.5
热水器	97.0	96.1	98.3
炉具灶具	93.7	90.7	100.4
微波炉	100.0	100.0	100.0
其他大型家用器具	100.2	100.0	100.7
(2) 小家电	98.1	96.2	101.4
厨房小家电	96.8	93.4	102.5
生活小家电	99.6	99.3	100.1
3．家用纺织品	98.8	98.9	98.6
(1) 床上用品	98.9	99.1	98.3
被子	99.1	99.6	97.7
床单被套	98.3	98.4	98.1
其他床上用品	100.1	99.9	100.3
(2) 窗帘门帘	100.3	100.8	99.0
(3) 其他家用纺织品	94.4	91.6	99.0
4．家庭日用杂品	100.8	101.2	99.9
(1) 洗涤卫生用品	101.0	101.9	98.9
清洗用品	101.0	101.2	100.6
清洁用具	98.5	98.1	99.4
清洁用纸	102.9	106.1	96.3
(2) 厨具餐具茶具	100.4	100.0	101.1
厨具	100.1	99.6	101.1
餐具	100.6	100.0	101.9
茶具	100.5	100.8	99.9
(3) 家用手工工具	99.8	99.6	100.1

6-1 续表 6

（上年=100）

指　标	全　市	城　市	农　村
(4) 其他家庭日用杂品	102.1	103.6	99.3
配电附件	102.7	105.2	97.9
雨具	101.3	100.6	102.8
其他日用杂品	101.6	103.0	98.8
5. 个人护理用品	100.8	101.0	100.2
(1) 化妆品	100.9	101.3	99.8
清洁化妆品	103.4	104.2	101.2
护肤化妆品	97.3	96.6	99.0
彩妆化妆品	106.7	108.3	97.8
化妆器具	98.5	97.8	101.0
(2) 其他护理用品类	100.6	100.6	100.6
清洁类护理用品	100.2	100.0	100.6
护发美发用品	100.1	100.0	100.2
护理器具	102.9	103.6	101.0
其他护理用品	100.9	100.9	101.1
6. 家庭服务	104.1	105.0	100.3
家政服务	103.7	103.9	101.7
家庭维修服务	104.4	106.6	100.0
五、交通和通信	99.8	100.2	98.7
1. 交通	99.9	100.4	98.8
(1) 交通工具	98.9	99.2	98.4
小型汽车	98.6	99.6	96.5
电动自行车	99.8	98.3	102.3
自行车	100.0	99.3	101.4
其他交通工具	98.3	97.6	99.0
(2) 交通工具用燃料	95.0	94.6	95.5
汽油	94.6	94.1	95.3
柴油	94.1	95.5	93.2
其他车用能源	101.4	100.4	103.1
(3) 交通工具使用和维修	100.9	100.8	101.0
停车费	105.8	107.3	100.0
车辆使用费	100.0	100.0	100.0
交通工具零配件	101.3	100.5	103.3
车辆修理与保养	100.0	100.0	100.0

6-1 续表 7

（上年=100）

指 标	全 市	城 市	农 村
(4) 交通费	104.0	104.9	101.5
市内公共交通	114.4	119.1	104.3
出租汽车	103.7	105.7	100.0
飞机票	115.6	115.7	114.9
火车票	100.0	100.0	100.0
长途汽车	99.9	99.9	99.9
其他交通费	99.1	98.9	100.0
2．通信	99.6	100.0	98.5
(1) 通信工具	98.9	100.0	94.9
固定电话机	100.3	99.6	101.6
移动电话机	99.0	100.3	94.2
通信工具零配件	95.6	94.9	97.4
(2) 通信服务	100.0	100.0	100.0
固定电话费	100.0	100.0	100.0
移动通信费	100.0	100.0	100.0
上网费	100.0	100.0	100.0
其他通信服务	100.0	100.0	100.0
(3) 邮递服务	100.0	100.0	100.0
邮政邮寄	100.0	100.0	100.0
快递服务	100.0	100.0	100.0
六、教育文化和娱乐	101.4	101.1	102.2
1．教育	101.3	100.5	103.1
(1) 教育用品	100.9	100.2	102.7
工具书	100.2	100.5	99.8
教材	100.3	100.0	101.2
参考资料	102.5	100.9	107.3
其他教育用品	96.7	96.5	97.4
(2) 教育服务	101.3	100.6	103.2
学前教育	106.1	100.2	117.6
小学初中教育	104.6	104.8	103.2
高中中职教育	97.9	96.3	100.0
高等教育	100.0	100.0	100.0
课外教育	103.6	104.3	101.6
专业技能培训	100.2	100.0	100.9

6-1 续表 8

（上年=100）

指　标	全　市	城　市	农　村
2．文化娱乐	101.6	101.9	100.9
(1) 文娱耐用消费品	96.0	95.6	96.5
电视机	92.1	92.1	92.1
照相机	94.8	94.1	96.8
台式计算机	98.4	99.0	97.8
笔记本平板	95.3	92.9	99.7
乐器	104.4	103.8	106.4
音响	101.0	100.3	103.2
其他文娱耐用消费品	98.5	97.0	101.6
(2) 其他文娱用品	100.6	99.8	102.4
书报杂志	100.0	100.0	100.0
纸张文具	102.3	102.1	102.7
体育户外用品	101.1	99.2	108.9
游戏用品和玩具	100.3	100.0	101.2
园艺花卉及用品	93.9	90.9	106.3
宠物及用品	109.0	111.8	100.0
其他文化娱乐用品	101.0	99.8	104.9
(3) 文化娱乐服务	100.9	99.2	104.4
电影票	102.4	100.0	109.6
景点门票	103.2	98.8	113.1
有线电视	100.0	100.0	100.0
健身活动	94.6	92.6	100.3
其他文娱服务	101.6	102.6	100.0
(4) 旅游	108.6	109.9	104.4
旅行社收费	105.4	105.3	106.0
其他旅游	116.2	120.6	100.0
七、医疗保健	101.1	100.7	102.0
1．药品及医疗器具	102.7	101.5	105.1
(1) 中药	102.2	100.8	105.2
中药材	101.5	101.0	102.8
中成药	102.7	100.7	107.1
(2) 西药	103.6	102.1	106.6
抗微生物药	111.9	113.6	107.6

6-1 续表 9

（上年=100）

指标	全市	城市	农村
消化系统用药	105.2	102.7	110.3
呼吸系统用药	100.6	92.8	115.1
解热镇痛药	106.2	104.1	109.1
抗肿瘤药	100.1	99.5	102.1
激素及影响内分泌药	99.9	98.3	101.9
心血管系统用药	100.3	100.4	99.9
血液系统用药	102.2	95.9	117.8
治疗精神障碍药	100.2	100.6	99.1
神经系统用药	102.4	99.7	110.5
消毒防腐及创伤外科用药	95.9	91.9	105.4
泌尿系统用药	107.0	106.7	107.6
维生素、矿物质类药	109.5	110.5	107.0
调节水、电解质及酸碱平衡药	99.7	102.1	96.2
(3) 滋补保健品	101.9	102.1	101.4
(4) 医疗卫生器具	100.3	100.0	101.2
(5) 保健器具	100.4	100.9	99.2
2．医疗服务	99.8	100.0	99.3
(1) 综合医疗类	99.8	100.0	99.5
一般医疗服务	99.8	100.0	99.3
一般治疗操作	100.0	100.0	100.0
护理	100.2	100.0	100.5
其他综合医疗服务	98.8	100.0	94.4
(2) 诊断类	99.7	100.0	99.1
病理学诊断	99.7	100.0	99.0
实验室诊断	100.0	100.0	100.0
影像学诊断	99.3	100.0	98.0
临床诊断	100.0	100.0	100.0
(3) 治疗类	99.7	100.0	99.3
临床手术治疗	99.6	100.0	98.8
临床非手术治疗	100.0	100.0	100.0
(4) 康复类	100.0	100.0	100.0
康复医疗	100.0	100.0	100.0

6-1 续表 10

（上年=100）

指 标	全 市	城 市	农 村
(5) 中医医疗服务类	100.0	100.0	100.0
中医治疗	100.0	100.0	100.0
(6) 其他医疗服务	100.0	100.0	100.0
八、其他用品和服务	102.3	101.5	104.3
1．其他用品类	101.4	99.8	104.4
(1) 首饰手表	101.8	99.3	105.8
金饰品	110.4	110.4	110.5
银饰品	85.4	73.9	96.5
铂金饰品	91.2	83.6	102.9
手表	101.8	102.2	100.7
(2) 其他杂项用品	100.9	100.4	102.2
箱包	99.0	99.0	99.1
母婴用品	100.8	100.1	102.4
眼镜	103.5	102.6	106.7
2．其他服务类	103.3	102.9	104.1
(1) 旅馆住宿	99.9	98.0	105.0
宾馆住宿	101.5	101.2	102.3
其他住宿	96.8	90.5	109.3
(2) 美容美发洗浴	112.4	113.7	109.0
美容	108.1	107.1	113.0
美发	111.5	113.9	105.9
洗浴	120.2	127.6	111.1
(3) 养老服务	100.6	100.7	100.0
(4) 金融保险	100.4	99.3	102.7
金融服务	96.0	94.0	100.0
车辆保险	100.0	100.0	100.0
旅行保险	100.0	100.0	100.0
其他保险	101.7	100.0	104.5
(5) 其他服务类	107.6	110.7	100.0
中介服务	100.0	100.0	100.0
其他服务	122.7	133.3	100.0

6-2 各县区城乡居民可支配收入（2016年）

地 区	全体居民人均可支配收入		城镇常住居民人均可支配收入		农村常住居民人均可支配收入	
	总量（元）	比上年增长（%）	总量（元）	比上年增长（%）	总量（元）	比上年增长（%）
全 市	**15678**	**9.0**	**25595**	**8.3**	**8855**	**8.5**
汉台区	16258	9.0	25810	8.3	9014	8.5
南郑县	15934	8.9	25649	8.4	8910	8.4
城固县	16100	9.2	25611	8.3	8953	8.7
洋 县	15686	9.1	25366	8.5	8882	8.8
西乡县	15711	9.0	25605	8.4	8875	8.5
勉 县	16189	9.3	25662	8.6	8910	8.8
宁强县	14826	8.8	25599	8.5	8746	8.4
略阳县	14733	8.9	25282	8.2	8714	8.3
镇巴县	14463	8.8	25216	8.0	8698	8.7
留坝县	14453	8.3	25125	8.1	8712	8.7
佛坪县	14460	7.9	25094	7.9	8745	8.9

主要统计指标解释

居民消费价格指数 是反映一定时期内城乡居民所购买的生活消费品价格和服务项目价格变动趋势和程度的相对数，是对城市居民消费价格指数和农村居民消费价格指数进行综合汇总计算的结果。该指数可以观察和分析消费品的零售价格和服务项目价格变动对城乡居民实际生活费支出的影响程度。

城市居民消费价格指数 是反映一定时期内城市居民家庭所购买的生活消费品价格和服务项目价格变动趋势和程度的相对数。该指数可以观察和分析消费品的零售价格和服务项目价格变动对城镇职工货币工资的影响，作为研究职工生活和确定工资政策的依据。

农村居民消费价格指数 是反映一定时期内农村居民家庭所购买的生活消费品价格和服务项目价格变动趋势和程度的相对数。该指数可以观察农村消费品的零售价格和服务项目价格变动对农村居民生活消费支出的影响，直接反映农村居民生活水平的实际变化情况，为分析和研究农村居民生活问题提供依据。

住户 指居住在一个住宅内，共同分享生活开支或收入的一群人。居住在同一房间内、不共同分享生活开支的人群，每个人都视为一个住户。住家保姆、住家家庭帮工视为单独的住户。根据居住的状态，可将住户分为家庭居住户和集体居住户。

住户成员 指居住在一个住宅内，所有与本住户分享生活开支或收入的人员。

常住成员 指住户成员中，经常在家居住、或者调查期内居住时间超过一半的人员，以及本住户供养的学生。常住成员是住户收支的调查对象。

可支配收入 指调查户在调查期内获得的、可用于最终消费支出和储蓄的总和，即调查户可以用来自由支配的收入。可支配收入既包括现金，也包括实物收入。按照收入的来源，可支配收入包含四项，分别为：工资性收入、经营净收入、财产净收入和转移净收入。计算公式为：

可支配收入=工资性收入+经营净收入+财产净收入+转移净收入

其中：经营净收入=经营收入－经营费用－生产性固定资产折旧－生产税

财产净收入=财产性收入－财产性支出

转移净收入=转移性收入－转移性支出

工资性收入 指就业人员通过各种途径得到的全部劳动报酬和各种福利，包括受雇于单位或个人、从事各种自由职业、兼职和零星劳动得到的全部劳动报酬和福利。

经营净收入 指住户或住户成员从事生产经营活动所获得的净收入，是全部经营收入中扣除经营费用、生产性固定资产折旧和生产税之后得到的净收入。计算公式具体为：

经营净收入=经营收入－经营费用－生产性固定资产折旧－生产税

财产净收入 指住户或住户成员将其所拥有的金融资产、住房等非金融资产和自然资源交由其他机构单位、住户或个人支配而获得的回报并扣除相关的费用之后得到的净收入。财产净收入包括利息净收入、红利收入、储蓄性保险净收益、转让承包土地经营权租金净收入、出租房屋净收入、出租其他资产净收入和自有住房折算净租金等。

财产净收入不包括转让资产所有权的溢价所得，这应该计入“非收入所得”。

转移净收入

计算公式为：转移净收入=转移性收入－转移性支出

转移性收入指国家、单位、社会团体对住户的各种经常性转移支付和住户之间的经常性收入转移。包括养老金或退休金、社会救济和补助、政策性生产补贴、政策性生活补贴、救灾款、经常性捐赠和赔偿、报销医疗费、住户之间的赡养收入，以及本住户非常住成员寄回带回的收入等。

转移性收入不包括住户之间的实物馈赠。

转移性支出 指调查户对国家、单位、住户或个人的经常性或义务性转移支付。包括缴纳的税款、各项社会保障支出、赡养支出、经常性捐赠和赔偿支出以及其他经常转移支出等。

七、农　业

2016 年汉中市

年末常用耕地面积	305.65 万亩	比上年减少0.1%
农林牧渔业总产值	364.26 亿元	比上年增长4.3%
粮食产量	103.65 万吨	比上年增长0.5%
蔬菜产量	242.71 万吨	比上年增长6.8%
肉类总产量	33.01 万吨	比上年减少0.7%
茶叶产量	3. 85 万吨	比上年增长8.1%
中药材产量	18. 21 万吨	比上年增长5.4%

7−1 农村基层组织、乡村户数及从业人员（2016年）

地 区	镇、街道办（个）	乡村人口（人）	乡村户数（户）	乡村从业人员（人）	其中：农业从业人员（人）
汉中市	**176**	**2988692**	**897066**	**1456873**	**849339**
汉台区	15	264308	85611	123458	78304
南郑县	21	494414	149157	223911	146632
城固县	17	442894	132878	205437	108507
洋 县	18	369029	109509	177095	108901
西乡县	17	352874	111231	165511	111688
勉 县	18	329299	100904	197039	94243
宁强县	18	293498	87347	156059	91998
略阳县	17	139865	38734	75092	31164
镇巴县	20	241481	63606	104577	58698
留坝县	8	35147	10280	18333	12540
佛坪县	7	25883	7809	10361	6664

7-2 耕地面积（2016年）

单位：亩

地 区	年末耕地总资源	常用耕地	水 田	旱 地	乡村人口人均占有耕地	水 田
汉中市	**4409957**	**3056516**	**1426898**	**1629618**	**1.02**	**0.48**
汉台区	225186	210967	168706	42261	0.80	0.64
南郑县	680792	437967	284234	153733	0.89	0.57
城固县	383901	359985	283855	76130	0.81	0.64
洋 县	569903	419584	200332	219252	1.14	0.54
西乡县	380558	329257	178334	150923	0.93	0.51
勉 县	462493	399071	158430	240641	1.21	0.48
宁强县	727937	318739	61865	256874	1.09	0.21
略阳县	399576	150687	6062	144625	1.08	0.04
镇巴县	492578	355480	65415	290065	1.47	0.27
留坝县	56675	46965	10043	36922	1.34	0.29
佛坪县	30358	27814	9622	18192	1.07	0.37

7-3 农林牧渔业总产值（2016年）

单位：万元

地区	农林牧渔业总产值	农业	林业	牧业	渔业	农林牧渔服务业	农林牧渔业总产值比上年增长±%
汉中市	**3642602**	**2162194**	**145777**	**1154854**	**54449**	**125328**	**4.3**
汉台区	330189	219068	1060	86558	9997	13506	4.4
南郑县	443339	239093	16791	157241	11122	19092	4.4
城固县	800481	550398	26749	188400	8928	26006	4.2
洋县	427962	265861	22424	125775	6959	6943	4.1
西乡县	356141	185590	5680	143402	8396	13073	4.6
勉县	405494	212994	9550	157198	6360	19392	4.4
宁强县	337556	180291	18758	124813	1325	12369	4.5
略阳县	173098	94015	12542	61113	526	4902	4.2
镇巴县	287859	160631	26051	93567	146	7464	4.5
留坝县	56014	38746	4527	10594	320	1827	4.2
佛坪县	24469	15507	1645	6193	370	754	4.3

7-4 猪药茶菜总产值（2016年）

单位：万元

地 区	猪药茶菜产值	猪的饲养产值	中药材产值	茶叶产值	蔬菜产值
汉中市	**2192602**	**845786**	**232831**	**235623**	**878362**
汉台区	185551	47740	10331		127480
南郑县	287168	126061	21157	54216	85734
城固县	438302	130979	29173	13894	264256
洋 县	252879	95076	41015	84	116704
西乡县	255079	124072	8474	76020	46513
勉 县	234772	115162	16329	41968	61313
宁强县	223547	98571	24432	35156	65388
略阳县	82945	28348	27108	515	26974
镇巴县	175370	67478	37609	13770	56513
留坝县	39751	7429	10823		21499
佛坪县	17238	4870	6380		5988

7−5　农林牧渔业增加值（2016年）

单位：万元

地区	农林牧渔业增加值	农业	林业	牧业	渔业	农业林牧渔服务业
汉中市	**2126494**	**1310148**	**92099**	**623389**	**31791**	**69067**
汉台区	192286	135708	614	40492	6379	9093
南郑县	251782	136200	11448	86775	6140	11219
城固县	474027	347971	14188	90872	4441	16555
洋　县	254083	158805	18117	68203	5378	3580
西乡县	207413	112852	3398	78847	4536	7780
勉　县	228769	127084	5564	85442	3299	7380
宁强县	201157	108806	11166	74114	822	6249
略阳县	98265	54186	7064	33972	272	2771
镇巴县	172336	96570	16985	55664	99	3018
留坝县	32815	22955	2545	6062	174	1079
佛坪县	13561	9011	1010	2946	251	343

7-6 农业生产资料使用量（2016年）

地 区	农用化肥施用实物量（吨）	农用化肥施用折纯量（吨）	农用塑料薄膜使用量（吨）	农用柴油使用量（吨）	农药使用量（公斤）	农村用电量（万千瓦时）
汉中市	**555989**	**138473**	**2335.23**	**62666**	**660835**	**82725**
汉台区	49151	12757	248.69	4047	73899	5440
南郑县	63140	16622	441	7580	99909	14006
城固县	137167	35241	211	1467	185973	11328
洋 县	81642	17296	460.35	24065	44777	8448
西乡县	58451	13672	151	3372	86363	6284
勉 县	86212	22377	170.59	8222	86617	7091
宁强县	41790	10162	188.39	4513	43515	7366
略阳县	11507	3608	132.47	4062	8657	16215
镇巴县	21401	5331	265.93	4559	15677	5944
留坝县	3316	804	50	264	11969	215
佛坪县	2212	603	15.81	515	3479	388

7−7 农作物播种面积（2016年）

单位：亩

地区	粮食	夏粮	小麦	秋粮	稻谷	玉米
汉中市	**3994236**	**1316860**	**656946**	**2677376**	**1174685**	**1100038**
汉台区	261351	83161	77118	178190	150001	24861
南郑县	498598	125770	62570	372828	229167	120307
城固县	396862	102537	59702	294325	228114	51348
洋　县	493455	180371	119158	313084	163101	100008
西乡县	452655	115144	41032	337511	135343	138882
勉　县	454825	144221	104730	310604	140811	147221
宁强县	461753	188040	94948	273713	51829	154059
略阳县	302528	121037	94141	181491	4679	106414
镇巴县	582849	232195	568	350654	59385	213927
留坝县	47429	10858	1974	36571	4878	28642
佛坪县	41931	13526	1005	28405	7377	14369

7-7 续表 1

单位：亩

地区	豆类	大豆	薯类	马铃薯	油料	油菜籽	花生	蔬菜
汉中市	**323764**	**213887**	**738023**	**564162**	**1258727**	**1161687**	**60527**	**976699**
汉台区	4080	2409	5291	4385	97400	96940	430	102196
南郑县	14753	9317	71801	58800	242426	235450	5920	88342
城固县	14204	8874	43494	37505	158021	147038	10983	188201
洋　县	32104	15456	79084	51257	164466	137134	11567	183560
西乡县	34185	16145	103213	59522	181302	167798	13504	89650
勉　县	20132	13253	41559	32901	181269	173659	7063	97952
宁强县	62506	46436	98411	78026	96217	85930	10287	49293
略阳县	70644	67076	26242	24448	38302	29480	196	53169
镇巴县	63415	28799	245554	197011	87328	76619	320	98362
留坝县	2937	2825	8998	8796	8709	8709		18138
佛坪县	4804	3297	14376	11511	3287	2930	257	7836

7-8 主要农作物产品产量（2016年）

单位：吨

地区	粮食	夏粮	小麦	秋粮	稻谷	玉米
汉中市	**1036491**	**262381**	**137876**	**774110**	**505364**	**218171**
汉台区	107944	21413	19650	86531	78825	7295
南郑县	148790	28230	15142	120560	97167	20693
城固县	141359	22260	13970	119099	102195	14481
洋　县	157752	45316	27049	112436	70949	29202
西乡县	102853	16028	6476	86825	55212	25280
勉　县	132523	32919	23774	99604	62239	32683
宁强县	85656	33540	16012	52116	16440	27567
略阳县	48421	19840	15281	28581	1502	21456
镇巴县	89981	38311	49	51670	16442	28636
留坝县	12113	2251	315	9862	1878	7597
佛坪县	9099	2273	158	6826	2515	3281

7-8 续表 1

单位：吨

地区	豆类	大豆	薯类	马铃薯	油料	油菜籽	花生	蔬菜
汉中市	**29266**	**18103**	**145602**	**114315**	**192038**	**175885**	**12336**	**2427099**
汉台区	487	242	1687	1518	16598	16501	94	236218
南郑县	1820	1165	13968	12525	35180	33651	1260	202740
城固县	1794	1118	8919	7614	23417	20566	2851	734000
洋　县	3922	1948	26630	16863	28589	23790	3228	714380
西乡县	2759	1129	13126	8107	26470	24286	2184	108110
勉　县	2566	1710	11167	8258	30829	29622	1159	147124
宁强县	5559	3819	20078	15826	12823	11340	1483	59430
略阳县	5500	5147	4649	4298	4995	3953	27	57365
镇巴县	4071	1185	40698	35376	11741	10810	29	122077
留坝县	344	332	1979	1924	927	927		27379
佛坪县	444	308	2701	2006	469	439	21	18276

7-9 主要林产品面积产量（2016年）

地 区	核桃（吨）	板栗（吨）	花椒（吨）	中药材面积（亩）	中药材产量（吨）
汉中市	**26140**	**17558**	**1055**	**1448074**	**182093**
汉台区	141	43		3790	3750
南郑县	1969	1199	70	151626	25406
城固县	1248	1290	79	114183	50350
洋 县	1088	1848	524	165192	44755
西乡县	2040	2127	86	22640	5407
勉 县	3122	718	28	77124	4326
宁强县	7303	1393	40	93995	10199
略阳县	3260	1549	120	560704	11059
镇巴县	5137	6087	108	142364	17775
留坝县	432	844		30870	5494
佛坪县	400	460		85586	3572

7-10 茶、桑、果面积产量（2016年）

地 区	茶园（亩）	茶叶产量（吨）	桑园（亩）	桑叶产量（吨）	园林水果（亩）
汉中市	**1001565**	**38519**	**108529**	**39765**	**596166**
汉台区			5287	1811	55614
南郑县	174329	8303	764	10	24202
城固县	90744	2629	10635	18430	250604
洋 县	4448	35			133292
西乡县	302209	10311	1296	96	13942
勉 县	157709	7352	44572	16984	25747
宁强县	152181	6537	6928	184	52885
略阳县	17676	86	21754		13973
镇巴县	102269	3266	17293	2250	23645
留坝县					1346
佛坪县					916

7-11 水果产量（2016年）

单位：吨

地 区	水果产量	苹 果	梨	柑 桔	桃	猕猴桃
汉中市	**462576**	**4863**	**24315**	**349433**	**19785**	**18769**
汉台区	34883		842	31692	1810	92
南郑县	14332	58	3434	2652	3121	1653
城固县	285225	202	1079	263015	3595	14476
洋 县	87161	1571	13376	48293	3860	1672
西乡县	6361		291	188	734	6
勉 县	9544	42	736	3302	3284	45
宁强县	5171	494	864	221	420	229
略阳县	8999	1430	1722		1431	135
镇巴县	9299	769	1788	63	1349	115
留坝县	828	251	144		90	64
佛坪县	773	46	39	7	91	282

7-11 续表 1

单位：吨

地区	葡萄	红枣	柿子	杏	樱桃	其它
汉中市	**6170**	**352**	**15973**	**2776**	**4289**	**15839**
汉台区	237			50		160
南郑县	678	153	383	645	91	1454
城固县	1716	16	234	222	18	652
洋　县	3005		7363	420	22	7579
西乡县	88		570	218	3329	937
勉　县	224		385	237	60	1229
宁强县	53	1	2016	91	62	718
略阳县	94		3065	336	537	249
镇巴县	26	170	1728	494	136	2661
留坝县	18	12	176	16	19	38
佛坪县	31		53	47	15	162

7-12 牲畜出栏（2016年）

地区	出栏大牲畜（头）	出栏牛（头）	出栏马（匹）	出栏驴（头）	出栏骡（头）
汉中市	**107528**	**107521**	**4**	**1**	**2**
汉台区	3320	3320			
南郑县	10956	10956			
城固县	16639	16639			
洋县	18686	18686			
西乡县	12370	12370			
勉县	9783	9783			
宁强县	11115	11108	4	1	2
略阳县	3807	3807			
镇巴县	19694	19694			
留坝县	835	835			
佛坪县	323	323			

7-12 续表 1

地 区	出栏猪（头）	出栏羊（只）	出栏家禽（万只）	出栏兔（万只）
汉中市	**4049507**	**267634**	**1414.3**	**7.39**
汉台区	208367	3466	204.29	
南郑县	493969	20944	123.93	2.22
城固县	612764	14493	175.68	0.39
洋 县	558217	34987	107.40	
西乡县	646535	53987	79.95	
勉 县	527954	7015	230.95	4.11
宁强县	424643	11724	120.41	0.07
略阳县	149247	23266	259.08	
镇巴县	353721	93925	74.83	0.60
留坝县	44150	1697	22.46	
佛坪县	29940	2130	15.32	

7-13　牲畜存栏（2016年）

地　区	大牲畜年末存栏头数（头）		牛（头）				马（匹）	驴（头）	骡（头）
		役　畜		肉　牛	奶　牛	役用牛			
汉中市	**296566**	**125339**	**296013**	**88886**	**4090**	**203037**	**510**	**5**	**38**
汉台区	9942		9942	4342	1754	3846			
南郑县	35871	20170	35811	11238	343	24230	60		
城固县	31158	8254	31158	22584	320	8254			
洋　县	60308		60308	11635	238	48435			
西乡县	32772	18859	32772	14050	10	18712			
勉　县	29548	22428	29548	2695	1425	25428			
宁强县	39226	30148	39101	8983		30118	112	5	8
略阳县	15031		15001	1786		13215			30
镇巴县	36569	25480	36231	10751		25480	338		
留坝县	5116		5116	676		4440			
佛坪县	1025		1025	146		879			

7-13 续表 1

地 区	猪年末存栏数（头）	能繁母猪	羊年末存栏数（只）	山 羊	绵 羊	家禽年末存栏数（万只）	蜂年末箱数（箱）	家兔年末存栏数（万只）
汉中市	**2582744**	**241384**	**348407**	**347447**	**960**	**1110.26**	**147618**	**19.13**
汉台区	109559	12727	2628	2628		138.41	1263	
南郑县	307279	30634	27395	27395		104.22	13062	1.30
城固县	303477	28650	14357	14357		151.82	11741	2.76
洋 县	372039	32549	50810	50810		110.39	12496	
西乡县	413167	34559	59430	59430		78.54	6585	
勉 县	362047	43059	11465	11081	384	175.34	11077	14.81
宁强县	297382	26499	20761	20415	346	110.65	7418	0.11
略阳县	92712	5813	23453	23223	230	148.58	18248	
镇巴县	287096	24526	131518	131518		70.68	12392	0.15
留坝县	25277	1395	2666	2666		15.38	35629	
佛坪县	12709	973	3924	3924		6.25	17707	

7-14 主要畜产品产量（2016年）

地　区	肉类总产量（吨）	猪　肉	牛　肉	羊　肉	家禽肉
汉中市	**330139**	**286984**	**15200**	**4442**	**23260**
汉台区	18931	14897	472	58	3479
南郑县	38773	34699	1586	356	2112
城固县	48707	43163	2326	237	2963
洋　县	44562	39477	2657	567	1802
西乡县	49526	45631	1721	876	1298
勉　县	42523	37203	1359	115	3792
宁强县	34263	30519	1526	193	2006
略阳县	15451	10690	465	389	3897
镇巴县	31234	25407	2925	1587	1272
留坝县	3703	3167	116	28	392
佛坪县	2466	2131	47	36	247

7-14 续表 1

地 区	奶产量（吨）	牛奶	禽蛋（吨）	蜂蜜（公斤）	蚕茧（吨）
汉中市	**13297**	**11568**	**73842**	**1634070**	**1274**
汉台区	6251	5672	9536	25179	84
南郑县	1026	820	7222	136104	
城固县	471	466	10389	131263	386
洋 县	690	636	8219	154405	
西乡县	19	19	5568	75201	16
勉 县	4840	3955	15397	262774	527
宁强县			7006	99203	10
略阳县			6137	170915	93
镇巴县			3385	152421	158
留坝县			699	252672	
佛坪县			284	173933	

主要统计指标解释

农林牧渔业总产值　指以货币表现的农、林、牧、渔业全部产品和对农林牧渔业生产活动进行的各种支持性服务活动的价值总量，它反映一定时期内农林牧渔业生产总规模和总成果。从2003年起，农林牧渔业总产值中包括了农林牧渔服务业产值。林业中增加了森林采运业产值。农业中取消了家庭兼营商品性工业产值，将野生林产品的采集划归林业。

农林牧渔业总产值的计算方法通常是按农、林、牧、渔业产品及其副产品的产量分别乘以各自单位产品价格求得；少数生产周期较长，当年没有产品或产品产量不易统计的，则采用间接方法匡算其产值；然后将四业产品产值及农林牧渔服务业产值相加即为农林牧渔业总产值。

农林牧渔业增加值　指农、林、牧、渔及农林牧渔服务业生产货物或提供服务活动而增加的价值，为农林牧渔业现价总产值扣除农林牧渔业现价中间投入后的余额。

增加值也叫附加值或追加价值，是指各单位生产经营的最终成果，即本单位或本行业对社会所作的贡献。从宏观上来说，增加值是

计算国内生产总值的基础，即各部门增加值之和就是国内生产总值；从微观来说，增加值能客观反映企业单位或行业的投入、产出、效益、速度和收入等情况。因此，计算增加值不仅是国民经济宏观管理的需要，也是微观的企业和行业管理的需要。

增加值和总产值相比较，一个最大的优点在于增加值避免了中间产品的重复计算，消除了总产值计算时的重复因素，计算结果是社会最终产品的价值。

粮食产量　指农业生产经营者日历年度内生产的全部粮食数量。按收获季节包括夏收粮食、早稻和秋收粮食，按作物品种包括谷物、薯类和豆类。其产量计算方法：谷物按脱粒后的原粮计算，豆类按去豆荚后的干豆计算；薯类（包括甘薯和马铃薯，不包括芋头和木薯）1963年以前按每4公斤鲜薯折1公斤粮食计算，从1964年开始改为按5公斤鲜薯折1公斤粮食计算。城市郊区作为蔬菜的薯类（如马铃薯等）按鲜品计算，并且不作粮食统计。1989年以前全国粮食产量数据主要靠全面报表取得，1989年开始使用抽样调查数据。

棉花产量　指全社会的产量。包括春播棉和夏播棉。产量按皮棉计算。不包括木棉。

油料产量　指全部油料作物的生产量。包括花生、油菜籽、芝麻、向日葵籽、胡麻籽（亚麻籽）和其他油料。不包括大豆、木本油料和野生油料。花生以带壳干花生计算。

水产品产量　指渔业（捕捞和养殖）生产活动的最终有效成果，包括全部海水和淡水鱼类、甲壳类（虾、蟹）、贝类、头足类、藻类和其他类渔业产品的最终产量。水产品产量是通过各级水产和统计部门逐级上报取得数据。1995年及以前，贝类中牡蛎按鲜肉计算；蚶、蛤、蛏按5斤鲜品折1斤计算。1996年以后则统一按鲜品计算。

猪、牛、羊肉产量　指当年出栏并已屠宰、除去头蹄下水后带骨肉（即胴体重）的重量。包括全社会范围内的产量。1996年以前为全面统计并逐级上报数据。1996年第一次农业普查以后，根据普查结果，对畜牧业主要年报数据进行了修正。1999年以后，国家统计局在部分地区开展了猪、牛、羊、禽等主要畜禽品种的抽样调查，并用抽样数据作为国家定案数据使用。未开展抽样调查的地区和品种，仍使用各级统计部门逐级上报数据。2007年，根据

第二次农业普查结果，对2000—2006年畜牧业主要年报数据进行了修正。2008年，建立了主要畜禽监测调查制度，猪、牛、羊、禽等主要畜禽数据均以抽样调查数为法定数据。

期初（末）畜禽存栏头（只）数　指农林牧渔业生产单位及农户饲养的，已屠宰或已出售用于屠宰的全部牲畜头数，包括交售给国家、集市上出售以及农民自食的部分。当年出栏猪不包括出口“乳猪”和个别地区习惯吃的“烤小猪”。

农作物播种面积　指实际播种或移植有农作物的面积。凡是实际种植有农作物的面积，不论种植在耕地上还是种植在非耕地上，均包括在农作物播种面积中。在播种季节基本结束后，因遭灾而重新改种和补种的农作物面积，也包括在内。它是反映我国耕地面积利用情况的一个重要指标。目前，农作物播种面积主要包括粮食、棉花、油料、糖料、麻类、烟叶、蔬菜和瓜类、药材和其他农作物九大类。

有效灌溉面积　指具有一定的水源，地块比较平整，灌溉工程或设备已经配套，在一般年景下能够进行正常灌溉的耕地面积。在一般情况下，有效灌溉面积应等于灌溉工程或设备已经配套，能够进行正常灌溉的水田和水浇地面积之和。它是反映我国农田水利建设的重要指标。

八、工业和能源

2016 年汉中市

规模以上工业企业单位数	482个	
规模以上工业总产值	1152.35亿元	比上年增长8.3%
规模以上工业增加值	353.71亿元	比上年增长9.5%
规模以上工业能源消费总量	405.11万吨标准煤	比上年增长1.9%
规模以上工业能源生产总量	313.59万吨标准煤	比上年增长7.3%

8-1 规模以上工业总产值

单位：亿元

指　标	2016年	2015年	2016年比2015年±%
总　计	**1152.35**	**1063.90**	**8.3**
1．按经济类型分			
国有及国有控股	602.73	549.71	9.6
其中：国有企业	51.05	49.61	2.9
集体企业	3.69	3.10	19.1
其他经济类型企业	545.93	511.09	6.8
2．按隶属关系分			
中央	241.28	240.33	0.4
省属	192.41	211.44	-9.0
市	24.30	17.67	37.5
县（区）	694.36	594.47	16.8

8-2 规模以上工业企业单位数（2016年）

单位：个

地 区	合 计	中 央	省	市	县（区）及以下
汉中市	**482**	**16**	**20**	**11**	**435**
汉台区	101	4	7	9	81
南郑县	68	4	1	0	63
城固县	58	2	1	1	54
洋 县	40	2	1	0	37
西乡县	59	0	1	0	58
勉 县	52	2	2	1	47
宁强县	42	0	3	0	39
略阳县	23	2	0	0	21
镇巴县	24	0	2	0	22
留坝县	9	0	1	0	8
佛坪县	6	0	1	0	5

8-3 各县区规模以上工业总产值（2016年）

单位：万元

地 区	合 计	中 央	省	市	县（区）及以下
汉中市	**11523455**	**2412779**	**1924130**	**243030**	**6943516**
汉台区	2145029	504574	88558	230031	1321866
南郑县	1876999	556536	21418	0	1299046
城固县	2440366	977262	23766	5820	1433518
洋 县	893479	246503	17002	0	629975
西乡县	646852	0	15536	0	631315
勉 县	2191629	14097	1717402	7179	452951
宁强县	580800	0	19655	0	561145
略阳县	321505	113808	0	0	207697
镇巴县	337498	0	13699	0	323799
留坝县	57856	0	4387	0	53470
佛坪县	31442	0	2708	0	28734

8-4　各县区规模以上工业增加值（2016年）

单位：万元

地　区	总　量	比上年增长（%）
汉中市	**3537107**	**9.5**
汉台区	682992	13.1
南郑县	795727	7.9
城固县	940485	16.5
洋　县	269566	7.8
西乡县	216772	14.0
勉　县	225956	−18.0
宁强县	130707	20.1
略阳县	103211	5.1
镇巴县	148032	10.6
留坝县	16651	12.2
佛坪县	7008	16.8

注：表中数据为快报核算数据。

8-5 规模以上工业主要产品产量（2016年）

主要产品	单 位	2016 年	比上年增长（%）
原煤	吨	2349556	−0.8
铁矿石原矿量	吨	788046	−25.2
铜选矿产品含铜量	吨	950	19.8
锌选矿产品含锌量	吨	63010	214.5
磷矿石（折含五氧化二磷 30%）	吨	8589	−8.7
发电量	万千瓦小时	627005	28.4
自来水（生产量）	万立方米	3327	21.6
大米	吨	846962	20.1
小麦粉	吨	25064	−60.3
精制食用植物油	吨	152473	−17.1
鲜冷藏冻肉	吨	19956	41.0
配混合饲料	吨	182103	40.8
饮料酒	千升	89779	3.7
白酒（折 65 度，商品量）	千升	17774	−5.7
啤酒	千升	61679	4.3
精制茶	吨	14827	24.4
卷烟	万支	2100000	−3.4
纱	吨	18393	16.3
布	万米	846	−7.6
丝	吨	1240	−25.1
服装	万件	170	−5.6
硫酸（折１００%）	吨	462449	6.4
合成氨	吨	176502	−15.0
农用氮、磷、钾化学肥料总计（折纯）	吨	227797	−7.5
氮肥（折含 N100%）	吨	159041	−10.9
尿素	吨	49816	−33.9
磷肥（折合 P2O5100%）	吨	68756	1.3

8-5 续表 1

主要产品	单 位	2016 年	比上年增长（%）
精甲醇	吨	5692	−31.3
化学药品原药（化学原料药）	吨	2805	−2.5
中成药	吨	5516	24.1
塑料制品	吨	47284	32.5
水泥熟料	吨	4024474	6.4
水泥	吨	6633272	−5.0
砖（折标准砖）	万块	912177	47.9
天然花岗石建筑板材	平方米	183650	5.6
液压元件	件	41254	−33.0
生铁	吨	3425694	−0.4
粗钢	吨	3471103	−9.7
钢材	吨	2652014	−20.4
铁合金	吨	125453	−7.4
十种有色金属	吨	488785	12.7
铅	吨	18497	19.2
锌	吨	470288	12.5
黄金	千克	2750	51.0
白银	千克	19666	−3.8
金属切削工具	万件	39	−5.0
金属切削机床	台	1471	−3.9
数控机床	台	1425	−3.6
采矿设备（矿山设备）	吨	2872	−8.8
变压器	千伏安	6265740	−2.2
高压开关板	面	37	−31.5
低压开关板	面	1153	−22.0
绝缘制品	吨	812	−62.8
商品混凝土	立方米	4209773	55.0

8-6 规模以上工业企业主要经济指标（2016年）

指标	企业单位数（个）	亏损企业（个）	工业总产值（当年价格）	工业销售产值（当年价格）	出口交货值
总计	**482**	**68**	**11523455**	**10783440**	**153273**
一、按登记注册类型分组					
内资企业	473	66	11272382	10558370	153273
国有企业	9	4	510453	495876	13538
中央企业	6	2	492347	480507	13538
地方企业	3	2	18106	15369	0
集体企业	5	2	36934	35066	0
联营企业	2	0	20016	17964	0
国有联营企业	2	0	20016	17964	0
有限责任公司	224	31	6927505	6456127	101726
国有独资公司	19	2	979322	925447	1606
其他有限责任公司	205	29	5948183	5530680	100120
股份有限公司	15	4	636299	595832	33428
私营企业	218	25	3141175	2957505	4581
私营独资企业	8	0	102549	98299	0
私营有限责任公司	201	23	2842758	2670570	4580
私营股份有限公司	9	2	195869	188635	1
港、澳、台商投资企业	6	2	174798	148857	0
合资经营企业（港或澳、台资）	2	0	143430	118614	0
港澳台商独资经营企业	4	2	31368	30243	0
外商投资企业	3	0	76275	76213	0
中外合资经营企业	1	0	2923	2919	0
外资企业	2	0	73352	73294	0
二、按经济组织类型分组					
独资企业	28	8	754656	732778	13538

单位：万元、个、人

年初存货	产成品	资产总计	资产总计				
			流动资产合计	应收账款	存　货	产成品	固定资产合计
1641114	**521458**	**10999955**	**4924828**	**1072379**	**1710876**	**568074**	**4333809**
1624332	511292	10759947	4842599	1040642	1697915	562004	4198871
36824	23462	654398	147841	53385	43529	28396	390015
35671	22475	622905	134627	50814	41856	26970	374766
1153	987	31494	13214	2572	1673	1426	15249
823	286	8878	5827	2428	1311	210	2306
1604	213	40152	11453	5292	1484	0	13620
1604	213	40152	11453	5292	1484	0	13620
1233101	342272	7453551	3534935	751526	1278436	375829	2755272
307948	38623	1940335	759862	184925	370268	77892	785821
925152	303650	5513216	2775073	566601	908168	297937	1969451
104424	25962	824447	341359	53759	111507	33510	294484
247556	119097	1778521	801184	174252	261649	124060	743176
3814	1285	87111	21193	1715	4573	1423	19721
217038	112080	1567596	713450	160124	228637	117124	674731
26704	5732	123814	66541	12413	28439	5513	48724
12853	9589	152349	69131	27926	8483	5151	63239
8981	6127	88448	47981	16657	4975	4591	27195
3873	3462	63901	21151	11269	3508	560	36045
3929	577	87660	13098	3811	4478	919	71699
373	108	2346	1604	183	369	108	742
3557	469	85313	11494	3629	4109	811	70956
48890	28964	899602	207506	72426	57029	31399	519042

8-6 续表 1

指 标	企业单位数（个）	亏损企业（个）	工业总产值（当年价格）	工业销售产值（当年价格）	出口交货值
国有企业	9	4	510453	495876	13538
集体企业	5	2	36934	35066	0
私营独资企业	8	0	102549	98299	0
港澳台商独资经营企业	4	2	31368	30243	0
外资企业	2	0	73352	73294	0
合作、合伙企业	2	0	20016	17964	0
国有联营企业	2	0	20016	17964	0
股份有限公司	24	6	832168	784467	33429
股份有限公司（内资）	15	4	636299	595832	33428
私营股份有限公司	9	2	195869	188635	1
有限责任公司	428	54	9916615	9248230	106306
国有独资公司	19	2	979322	925447	1606
私营有限责任公司	201	23	2842758	2670570	4580
合资经营企业（港或澳、台资）	2	0	143430	118614	0
中外合资经营企业	1	0	2923	2919	0
其他有限责任公司	205	29	5948183	5530680	100120
三、在总计中 ：亏损企业	68	68	1481296	1367058	1240
在总计中 ：国有控股企业	67	16	5510848	5202715	124393
在总计中 ：农村工业	1	0	22001	21947	0
在总计中 ：轻工业	209	15	3794685	3528413	115927
重工业	273	53	7728770	7255027	37346
在总计中 ：大型企业	16	2	5060327	4792471	28423
中型企业	40	9	1676775	1539612	120956
小型企业	426	57	4786353	4451357	3895
纯小型企业	396	46	4640105	4308947	3895
微型企业	30	11	146248	142410	0

单位：万元、个、人

年初存货	产成品	资产总计	资产总计				
			流动资产合计	应收账款	存　货	产成品	固定资产合计
36824	23462	654398	147841	53385	43529	28396	390015
823	286	8878	5827	2428	1311	210	2306
3814	1285	87111	21193	1715	4573	1423	19721
3873	3462	63901	21151	11269	3508	560	36045
3557	469	85313	11494	3629	4109	811	70956
1604	213	40152	11453	5292	1484	0	13620
1604	213	40152	11453	5292	1484	0	13620
131128	31694	948261	407900	66172	139946	39022	343207
104424	25962	824447	341359	53759	111507	33510	294484
26704	5732	123814	66541	12413	28439	5513	48724
1459492	460587	9111941	4297970	928489	1512417	497653	3457940
307948	38623	1940335	759862	184925	370268	77892	785821
217038	112080	1567596	713450	160124	228637	117124	674731
8981	6127	88448	47981	16657	4975	4591	27195
373	108	2346	1604	183	369	108	742
925152	303650	5513216	2775073	566601	908168	297937	1969451
278009	120198	2763616	1025416	233628	299897	138985	1393068
1104150	285043	7027790	3065420	646315	1137628	311724	2838046
3976	1312	16493	8400	1093	3804	1129	8093
421201	159160	2016083	1135998	212834	463375	165367	641819
1219913	362299	8983872	3788830	859546	1247501	402707	3691990
977320	242511	5734807	2469098	383122	940843	215030	2479654
328856	123874	2105963	1058528	325254	366123	141669	589841
334938	155073	3159185	1397202	364003	403910	211375	1264315
305147	152638	2660881	1158661	339898	374679	207173	1063510
29792	2435	498304	238541	24106	29231	4201	200805

8-6 续表 2

指 标	企业单位数（个）	亏损企业（个）	工业总产值（当年价格）	工业销售产值（当年价格）	出口交货值
四、按隶属关系分组					
中央企业	16	2	2412779	2357496	33800
省属企业	20	5	1924130	1827598	1121
市县属企业	446	61	7186547	6598346	118352
五、按县（区）分组					
汉台区	101	19	2145029	2044396	36067
南郑县	68	7	1876999	1666411	10129
城固县	58	6	2440366	2313764	99265
洋县	40	3	893479	800839	5650
西乡县	59	3	646852	626040	54
勉县	52	5	2191629	2091330	930
宁强县	42	8	580800	519504	1176
略阳县	23	15	321505	302345	0
镇巴县	24	1	337498	335432	0
留坝县	9	1	57856	52876	1
佛坪县	6	0	31442	30502	0
六、按行业大类分组					
煤炭开采和洗选业	5	1	179717	179009	0
黑色金属矿采选业	23	7	339414	303139	0
有色金属矿采选业	11	4	233122	217019	0
非金属矿采选业	15	3	79533	76756	0
农副食品加工业	96	10	1227276	1169335	67
食品制造业	14	0	133917	128142	1109
酒、饮料和精制茶制造业	56	1	712207	646960	54
烟草制品业	1	0	458342	451050	739

单位：万元、个、人

年初存货	产成品	资产总计	资产总计				
			流动资产合计	应收账款	存 货	产成品	固定资产合计
335126	67173	3521672	1462213	415917	379015	112068	1414985
626734	166912	2435332	1175703	154809	580332	135103	1045898
679254	287373	5042951	2286912	501653	751530	320904	1872927
296742	100261	1913430	881643	282455	281550	108696	676403
229482	43171	1109663	615773	159566	260142	60019	352621
147143	72243	1848797	1030311	229744	190921	75882	509285
98329	28336	1455543	356358	72307	141272	61370	774434
27014	14243	315882	102176	23210	33049	20231	165296
700232	216565	2677704	1319862	205067	629212	172773	1136885
20932	9724	241264	87244	18512	36863	21782	99132
104666	26979	1203512	449648	65391	112052	30122	523040
13331	8899	185657	63581	13294	15271	11199	77135
1735	430	29440	9286	1479	4937	3297	11671
1508	609	19064	8946	1355	5610	2703	7909
1444	306	81627	28459	5530	2316	901	52947
31124	18415	531016	209293	44842	32907	23102	238773
54469	10612	284457	93371	6929	66031	13558	48540
4068	1355	61083	19238	6685	3241	2594	26920
102565	53474	405668	191459	30521	99821	61340	127208
5844	1952	48146	18920	4487	10472	6616	17672
53131	32673	337333	165645	43365	59169	33216	122490
150274	6484	384771	278357	52597	161192	9559	68937

8-6 续表 3

指　标	企业单位数（个）	亏损企业（个）	工业总产值（当年价格）	工业销售产值（当年价格）	出口交货值
纺织业	5	0	277278	272080	0
纺织服装、服饰业	1	0	46110	46110	0
皮革、毛皮、羽毛及其制品和制鞋业	1	0	17378	7986	0
木材加工和木、竹、藤、棕、草制品业	2	0	27497	26507	0
家具制造业	2	0	6263	6005	0
印刷和记录媒介复制业	3	0	16661	15691	0
文教、工美、体育和娱乐用品制造业	3	0	11455	10759	0
石油加工、炼焦和核燃料加工业	2	0	162942	114509	0
化学原料和化学制品制造业	21	4	317289	294479	498
医药制造业	19	3	820621	715966	113459
橡胶和塑料制品业	9	0	93633	89178	0
非金属矿物制品业	57	11	656746	638591	312
黑色金属冶炼和压延加工业	9	4	1110743	1077872	0
有色金属冶炼和压延加工业	10	1	1429603	1257635	525
金属制品业	17	0	281546	264681	79
通用设备制造业	18	7	215808	183494	1054
专用设备制造业	10	1	122907	86278	0
汽车制造业	3	0	47309	44473	0
铁路、船舶、航空航天和其他运输设备制造业	23	2	1539208	1521415	33061
电气机械和器材制造业	12	1	176227	173492	1114
计算机、通信和其他电子设备制造业	5	2	36895	36413	197
仪器仪表制造业	4	0	87017	72763	572
其他制造业	1	0	15520	15135	0
废弃资源综合利用业	4	1	12291	12291	434
电力、热力生产和供应业	18	4	622926	621409	0
水的生产和供应业	2	1	8057	6819	0

单位：万元、个、人

年初存货	产成品	资产总计	资产总计				
			流动资产合计	应收账款	存　货	产成品	固定资产合计
25419	9108	108731	57627	4720	29583	4675	48069
487	50	4914	3320	269	406	83	1402
0	0	2991	1733	372	633	396	13
458	0	24477	5006	515	889	399	829
292	201	2461	1602	217	554	368	540
778	502	8084	2322	514	850	688	5198
321	44	4193	2602	1085	837	342	1370
57317	12330	919733	182621	32776	93040	46684	540690
37925	10120	235956	101769	25366	41582	10063	103055
70465	46149	593355	330886	49198	80116	36276	224605
2886	1333	37639	14003	1253	2927	2027	20350
32483	12835	483658	198115	86670	54111	27728	218324
133177	55418	1803312	604061	135006	148859	63901	1018836
551329	125518	1000578	733628	7744	463693	81092	209769
25715	11022	149757	87290	24502	28206	11077	30693
102292	34164	371450	188235	40161	104039	37019	46855
4716	2106	24396	16152	6477	5083	2455	6650
1978	771	14169	9042	3265	2717	1306	3769
144922	58510	1710335	1080108	364227	148369	67742	338660
29738	10681	137688	90217	41774	26348	11517	16677
1422	599	16471	9739	5140	1930	487	6559
7985	4420	55641	32169	7485	12600	9019	16789
458	102	16777	10182	4239	5344	1627	1412
518	46	41333	16056	5325	635	44	24673
4973	85	1078432	130639	29041	22215	85	736174
144	75	19324	10961	83	161	90	8363

8-6 续表 4

指 标	资产总计			负债合计	
	固定资产原价	累计折旧	本年折旧		流动负债合计
总 计	**6326152**	**2467020**	**413851**	**7490099**	**5601546**
一、按登记注册类型分组					
内资企业	6144931	2413232	404183	7369272	5489146
国有企业	765460	377654	52755	421222	342203
中央企业	742262	369253	51708	407743	331595
地方企业	23197	8401	1047	13479	10608
集体企业	7377	5401	204	6448	6289
联营企业	23766	10147	1111	23865	6092
国有联营企业	23766	10147	1111	23865	6092
有限责任公司	3999195	1460427	235338	5553019	4231677
国有独资公司	1488436	722099	92438	1101441	528990
其他有限责任公司	2510759	738329	142901	4451578	3702687
股份有限公司	414092	162155	34032	446365	295176
私营企业	935042	397448	80744	918351	607710
私营独资企业	18145	4613	1551	53178	3359
私营有限责任公司	855829	347559	70982	789739	534971
私营股份有限公司	61068	45276	8211	75435	69380
港、澳、台商投资企业	74949	15814	4174	69113	60865
合资经营企业（港或澳、台资）	26107	3016	1518	36704	36704
港澳台商独资经营企业	48842	12798	2656	32409	24161
外商投资企业	106272	37974	5494	51714	51534
中外合资经营企业	1166	502	29	627	627
外资企业	105106	37472	5465	51087	50907
二、按经济组织类型分组					
独资企业	944930	437937	62631	564345	426919

单位：万元、个、人

应付账款	非流动负债合计	所有者权益合计	实收资本	国家资本	集体资本	法人资本	个人资本	港澳台资本	外商资本
1367237	**1592210**	**3506122**	**2109400**	**755454**	**17655**	**811982**	**495845**	**14814**	**13650**
1355734	1585333	3386941	2048123	755454	17655	777255	493813	3946	0
102919	70879	231316	127832	127832	0	0	0	0	0
98099	68008	213302	123833	123833	0	0	0	0	0
4820	2871	18014	3999	3999	0	0	0	0	0
3412	159	2430	1567	0	1481	87	0	0	0
1836	7937	16286	5510	0	0	5510	0	0	0
1836	7937	16286	5510	0	0	5510	0	0	0
997273	1236380	1898660	1380062	584830	13074	592437	189720	0	0
282011	569955	838894	383697	348040	657	35000	0	0	0
715262	666425	1059766	996365	236791	12417	557437	189720	0	0
80783	89873	378082	218912	42116	0	115452	61344	0	0
169510	180105	860167	314241	677	3100	63770	242748	3946	0
1499	300	33933	17145	179	410	7623	8933	0	0
159189	176247	777855	279539	498	2690	54502	221849	0	0
8823	3557	48380	17557	0	0	1645	11966	3946	0
3392	6697	83235	33427	0	0	20727	1832	10868	0
1436	0	51744	3032	0	0	0	1832	1200	0
1956	6697	31492	30395	0	0	20727	0	9668	0
8111	180	35945	27850	0	0	14000	200	0	13650
66	0	1719	350	0	0	0	200	0	150
8045	180	34226	27500	0	0	14000	0	0	13500
117832	78214	333397	204439	128010	1891	42437	8933	9668	13500

8-6 续表 5

指 标	资产总计			负债合计	
	固定资产原价	累计折旧	本年折旧		流动负债合计
国有企业	765460	377654	52755	421222	342203
集体企业	7377	5401	204	6448	6289
私营独资企业	18145	4613	1551	53178	3359
港澳台商独资经营企业	48842	12798	2656	32409	24161
外资企业	105106	37472	5465	51087	50907
合作、合伙企业	23766	10147	1111	23865	6092
国有联营企业	23766	10147	1111	23865	6092
股份有限公司	475159	207431	42243	521800	364556
股份有限公司（内资）	414092	162155	34032	446365	295176
私营股份有限公司	61068	45276	8211	75435	69380
有限责任公司	4882297	1811505	307867	6380089	4803979
国有独资公司	1488436	722099	92438	1101441	528990
私营有限责任公司	855829	347559	70982	789739	534971
合资经营企业（港或澳、台资）	26107	3016	1518	36704	36704
中外合资经营企业	1166	502	29	627	627
其他有限责任公司	2510759	738329	142901	4451578	3702687
三、在总计中 ：亏损企业	1742412	484020	73072	2556738	2220186
在总计中 ：国有控股企业	4452707	1744523	283376	5193104	3850814
在总计中 ：农村工业	7304	2009	220	6326	4876
在总计中 ：轻工业	804943	328174	53365	758278	586436
重工业	5521209	2138846	360486	6731821	5015110
在总计中 ：大型企业	3730749	1481678	257601	4264069	3287627
中型企业	875190	397856	58227	1384204	898833
小型企业	1720214	587486	98023	1841826	1415085
纯小型企业	1512420	545699	96729	1401858	1013315
微型企业	207793	41787	1294	439967	401770

单位：万元、个、人

应付账款	非流动负债合计	所有者权益合计	实收资本	国家资本	集体资本	法人资本	个人资本	港澳台资本	外商资本
102919	70879	231316	127832	127832	0	0	0	0	0
3412	159	2430	1567	0	1481	87	0	0	0
1499	300	33933	17145	179	410	7623	8933	0	0
1956	6697	31492	30395	0	0	20727	0	9668	0
8045	180	34226	27500	0	0	14000	0	0	13500
1836	7937	16286	5510	0	0	5510	0	0	0
1836	7937	16286	5510	0	0	5510	0	0	0
89606	93431	426461	236469	42116	0	117097	73310	3946	0
80783	89873	378082	218912	42116	0	115452	61344	0	0
8823	3557	48380	17557	0	0	1645	11966	3946	0
1157963	1412628	2729977	1662982	585328	15764	646939	413601	1200	150
282011	569955	838894	383697	348040	657	35000	0	0	0
159189	176247	777855	279539	498	2690	54502	221849	0	0
1436	0	51744	3032	0	0	0	1832	1200	0
66	0	1719	350	0	0	0	200	0	150
715262	666425	1059766	996365	236791	12417	557437	189720	0	0
464671	256028	206876	610045	81902	4965	430702	83508	8968	0
860385	1257234	1832826	1301470	710852	8132	560583	21903	0	0
129	1450	10167	2054	0	0	0	2054	0	0
142570	130375	1257804	320196	81043	4389	54201	179213	1200	150
1224668	1461835	2248318	1789204	674411	13266	757781	316632	13614	13500
620513	917009	1468878	988446	526024	0	348178	112299	1946	0
278770	400989	721759	445781	142339	4868	255118	41113	2343	0
467954	274212	1315485	675173	87091	12787	208687	342433	10525	13650
288201	262500	1259019	567263	48037	9841	155562	329648	10525	13650
179753	11712	56466	107910	39055	2945	53125	12785	0	0

8-6 续表 6

指标	资产总计			负债合计	
	固定资产原价	累计折旧	本年折旧		流动负债合计
四、按隶属关系分组					
中央企业	2467941	1142724	152564	2283590	1377049
省属企业	1412141	369813	72457	2144566	1919688
市县属企业	2446070	954482	188830	3061943	2304809
五、按县（区）分组					
汉台区	1181010	568509	54555	1023493	888168
南郑县	710305	364301	61398	441353	376046
城固县	479924	180801	37109	1262098	966112
洋县	1348161	597604	113969	945363	376822
西乡县	204460	54492	11226	149350	112414
勉县	1481959	398177	90284	2328329	2048079
宁强县	156601	63885	6877	140821	81346
略阳县	629856	197251	21700	1099971	709219
镇巴县	106767	33062	15480	82935	34781
留坝县	16041	5743	770	11112	4926
佛坪县	11068	3194	484	5275	3633
六、按行业大类分组					
煤炭开采和洗选业	71969	22413	13086	34717	8431
黑色金属矿采选业	247935	76825	19954	375012	277105
有色金属矿采选业	82233	34585	5721	226552	125347
非金属矿采选业	37539	11797	1793	35348	28740
农副食品加工业	149696	34349	5408	146913	118557
食品制造业	20185	3840	592	21015	11156
酒、饮料和精制茶制造业	149113	63735	11561	146663	119014
烟草制品业	164618	95681	9706	70234	70232

单位：万元、个、人

应付账款	非流动负债合计	所有者权益合计	实收资本	国家资本	集体资本	法人资本	个人资本	港澳台资本	外商资本
500326	895563	1236223	667920	562599	0	90724	14598	0	0
220393	224878	290766	480071	111563	108	368400	0	0	0
646518	471769	1979133	961409	81293	17547	352859	481247	14814	13650
276231	106282	889937	450833	175734	6630	145924	114570	7825	150
114317	51706	668309	158382	100620	137	10349	47276	0	0
204695	251470	586699	202523	112079	0	7436	77862	5146	0
195551	480067	508320	311785	238848	4540	26767	28130	0	13500
23744	25183	166532	82257	4598	680	20470	55809	700	0
247598	216054	349373	551870	80263	45	392751	78811	0	0
16669	43738	98573	34382	3470	657	4763	24349	1143	0
271506	385636	103540	245246	37103	3965	195438	8741	0	0
13417	25934	102722	62939	1622	0	6741	54577	0	0
2156	4818	18328	5522	691	1000	1345	2486	0	0
1354	1321	13789	3662	427	0	0	3235	0	0
6253	21457	46910	42468	350	0	1550	40568	0	0
81936	89058	156004	94805	310	220	71224	22351	700	0
20502	97866	56034	43530	0	800	35665	7065	0	0
4137	5943	25735	21388	2000	0	2736	8827	7825	0
19270	19661	258755	95964	173	725	23977	71090	0	0
2421	3693	27131	12528	1352	290	1000	9887	0	0
15013	17818	190669	67167	4849	137	6203	55827	0	150
30037	2	314537	59182	59182	0	0	0	0	0

8-6 续表 7

指　标	资产总计			负债合计	
	固定资产原价	累计折旧	本年折旧		流动负债合计
纺织业	52125	17534	3649	56738	43550
纺织服装、服饰业	1729	328	164	2812	2812
皮革、毛皮、羽毛及其制品和制鞋业	13	5	5	750	0
木材加工和木、竹、藤、棕、草制品业	3033	2204	265	5005	5005
家具制造业	635	95	33	1514	1041
印刷和记录媒介复制业	6372	1592	390	3451	3244
文教、工美、体育和娱乐用品制造业	1232	395	161	1969	1560
石油加工、炼焦和核燃料加工业	1030266	489767	62457	624400	172605
化学原料和化学制品制造业	136051	66299	9463	141022	116418
医药制造业	220216	90837	19114	272951	191134
橡胶和塑料制品业	26369	6769	1968	17278	11864
非金属矿物制品业	347656	138640	19355	261108	215746
黑色金属冶炼和压延加工业	1254940	297498	65397	1833168	1675409
有色金属冶炼和压延加工业	373178	165061	35270	803551	671751
金属制品业	73039	42608	2727	73135	46928
通用设备制造业	97591	50750	3803	267976	243703
专用设备制造业	9047	3227	581	14375	13969
汽车制造业	5498	1860	377	6574	6127
铁路、船舶、航空航天和其他运输设备制造业	451334	205541	40423	1082570	860301
电气机械和器材制造业	20000	8740	2059	81660	72762
计算机、通信和其他电子设备制造业	6699	980	457	8271	7884
仪器仪表制造业	30820	14032	2458	25658	23037
其他制造业	1058	242	80	6925	6925
废弃资源综合利用业	20074	1871	723	16926	11499
电力、热力生产和供应业	1220458	508630	73907	815168	429301
水的生产和供应业	13432	8291	744	8692	8389

单位：万元、个、人

应付账款	非流动负债合计	所有者权益合计	实收资本	国家资本	集体资本	法人资本	个人资本	港澳台资本	外商资本
1689	4150	51993	14806	0	0	0	14806	0	0
848	0	2101	3000	0	0	0	3000	0	0
0	0	2242	800	0	0	0	800	0	0
50	0	19472	850	0	0	0	850	0	0
645	473	947	600	0	0	300	300	0	0
1161	179	4634	709	0	0	0	709	0	0
608	179	2223	1150	0	0	0	1150	0	0
145647	451795	295333	221631	220193	0	0	1438	0	0
14679	17180	94933	54760	405	117	31153	21140	1946	0
59877	79825	320404	51036	15113	3237	14903	16584	1200	0
841	1095	20361	12416	10	0	1100	11306	0	0
66405	32985	222549	137206	300	2444	57917	63045	0	13500
330487	75860	−29856	387636	30018	0	310392	47226	0	0
70573	131467	197027	113839	67100	0	43230	3509	0	0
10518	6366	76622	36228	16531	4130	620	14947	0	0
48675	11387	103473	109313	7382	3220	84565	14146	0	0
4507	405	10021	3638	0	27	135	3476	0	0
3542	407	7596	2836	0	36	0	2800	0	0
249802	204664	625905	249760	211205	0	7819	30737	0	0
22054	4158	56027	33479	4935	108	10562	17874	0	0
3783	0	8200	2335	1092	0	0	100	1143	0
12031	2620	29984	3495	90	1095	260	2050	0	0
4155	0	9852	500	0	0	500	0	0	0
3019	528	24407	19403	11303	0	6100	0	2000	0
129525	310685	263265	204259	101563	1067	93390	8239	0	0
2550	303	10633	6682	0	0	6682	0	0	0

8-6 续表 8

指　标	营业收入	主营业务收入	营业成本	主营业务成本	营业税金及附加
总　计	11733599	11619220	10244503	10140497	266220
一、按登记注册类型分组					
内资企业	11503553	11391581	10093251	9991309	263943
国有企业	527641	519813	489711	484292	2895
中央企业	515833	508005	479831	474412	2829
地方企业	11808	11808	9879	9879	67
集体企业	37809	37784	32135	32114	417
联营企业	15203	14878	11678	11345	235
国有联营企业	15203	14878	11678	11345	235
有限责任公司	7614081	7532500	6760556	6702413	239512
国有独资公司	956907	953663	572376	569931	220411
其他有限责任公司	6657174	6578837	6188180	6132482	19100
股份有限公司	568464	563168	452024	450265	6106
私营企业	2740356	2723438	2347148	2310881	14779
私营独资企业	101368	101368	76734	76734	772
私营有限责任公司	2463647	2446729	2130220	2093953	12822
私营股份有限公司	175341	175341	140194	140194	1185
港、澳、台商投资企业	170044	167678	110640	108590	1351
合资经营企业（港或澳、台资）	137615	137615	82839	82839	1175
港澳台商独资经营企业	32429	30063	27801	25751	175
外商投资企业	60003	59961	40612	40598	926
中外合资经营企业	2919	2919	2060	2060	10
外资企业	57084	57042	38553	38538	915
二、按经济组织类型分组					
独资企业	756330	746070	664932	657428	5175

单位：万元、个、人

主营业务税金及附加	其他业务收入	其他业务利润	销售费用	管理费用	税金	财务费用		
							利息收入	利息支出
265838	**114379**	**10950**	**205369**	**389898**	**17852**	**176810**	**9369**	**158401**
263561	111972	10917	195044	373110	17056	174492	9333	156123
2880	7828	2163	3498	15018	217	5682	524	5020
2813	7828	2163	3371	12049	212	5667	524	5020
67	0	0	126	2969	5	15	0	0
417	25	0	20	1016	42	17	−30	46
235	324	−8	25	2100	10	366	7	373
235	324	−8	25	2100	10	366	7	373
239205	81580	7483	105195	216237	10353	120628	6708	104543
220411	3243	1008	14928	65784	2581	8172	1914	8923
18794	78337	6475	90266	150453	7772	112456	4794	95621
6106	5296	166	28666	41450	1049	11775	1692	12531
14718	16918	1112	57641	97290	5386	36025	432	33610
772	0	0	6009	6609	81	3181	2	3044
12761	16918	1112	48327	83035	4352	30543	388	28563
1185	0	0	3305	7646	952	2302	42	2003
1351	2366	22	9465	14855	701	555	40	587
1175	0	0	8926	13570	516	491	38	529
175	2366	22	539	1285	185	64	2	58
926	42	11	859	1933	95	1763	−4	1691
10	0	0	295	305	0	35	0	35
915	42	11	564	1628	95	1728	−4	1657
5160	10260	2196	10630	25556	621	10672	494	9825

8-6 续表 9

指　标	营业收入	主营业务收入	营业成本	主营业务成本	营业税金及附加
国有企业	527641	519813	489711	484292	2895
集体企业	37809	37784	32135	32114	417
私营独资企业	101368	101368	76734	76734	772
港澳台商独资经营企业	32429	30063	27801	25751	175
外资企业	57084	57042	38553	38538	915
合作、合伙企业	15203	14878	11678	11345	235
国有联营企业	15203	14878	11678	11345	235
股份有限公司	743805	738509	592219	590459	7291
股份有限公司（内资）	568464	563168	452024	450265	6106
私营股份有限公司	175341	175341	140194	140194	1185
有限责任公司	10218262	10119763	8975674	8881265	253519
国有独资公司	956907	953663	572376	569931	220411
私营有限责任公司	2463647	2446729	2130220	2093953	12822
合资经营企业（港或澳、台资）	137615	137615	82839	82839	1175
中外合资经营企业	2919	2919	2060	2060	10
其他有限责任公司	6657174	6578837	6188180	6132482	19100
三、在总计中 ：亏损企业	1969911	1926841	1926478	1903675	3250
在总计中 ：国有控股企业	6675294	6589735	5983104	5925308	233818
在总计中 ：农村工业	20382	20382	16658	16658	103
在总计中 ：轻工业	3275485	3261714	2474347	2445931	238275
重工业	8458114	8357506	7770156	7694566	27944
在总计中 ：大型企业	6350536	6279696	5710937	5660320	230250
中型企业	1558516	1539075	1228358	1219306	10798
小型企业	3824547	3800449	3305207	3260872	25172
纯小型企业	3647268	3624107	3141823	3098423	24222
微型企业	177279	176343	163384	162449	950

单位：万元、个、人

主营业务税金及附加	其他业务收入	其他业务利润	销售费用	管理费用	税　金	财务费用		
							利息收入	利息支出
2880	7828	2163	3498	15018	217	5682	524	5020
417	25	0	20	1016	42	17	−30	46
772	0	0	6009	6609	81	3181	2	3044
175	2366	22	539	1285	185	64	2	58
915	42	11	564	1628	95	1728	−4	1657
235	324	−8	25	2100	10	366	7	373
235	324	8	25	2100	10	366	7	373
7291	5296	166	31970	49095	2001	14077	1734	14533
6106	5296	166	28666	41450	1049	11775	1692	12531
1185	0	0	3305	7646	952	2302	42	2003
253152	98499	8595	162743	313148	15220	151696	7134	133670
220411	3243	1008	14928	65784	2581	8172	1914	8923
12761	16918	1112	48327	83035	4352	30543	388	28563
1175	0	0	8926	13570	516	491	38	529
10	0	0	295	305	0	35	0	35
18794	78337	6475	90266	150453	7772	112456	4794	95621
3250	43069	368	16992	56613	3520	67170	1394	54961
233803	85559	8771	73065	170643	7208	107842	8149	95978
103	0	0	555	449	0	274	0	274
238226	13772	1269	94508	126282	6727	31214	1496	29957
27612	100608	9680	110861	263616	11125	145595	7873	128444
230235	70840	6819	54821	136451	7312	103290	6239	92161
10798	19442	2221	33722	99618	3473	29830	1839	30428
24806	24098	1910	116825	153830	7068	43690	1292	35812
23855	23162	1910	115155	142199	7027	41137	1306	33593
950	937	0	1671	11630	40	2553	−14	2219

8-6 续表 10

指 标	营业收入	主营业务收入	营业成本	主营业务成本	营业税金及附加
四、按隶属关系分组					
中央企业	2229882	2199142	1761556	1739046	224859
省属企业	3516255	3476908	3434845	3414006	2397
市县属企业	5987462	5943169	5048101	4987446	38963
五、按县（区）分组					
汉台区	1871435	1861930	1564843	1560955	13493
南郑县	1447161	1440954	1045580	1014205	223493
城固县	2191041	2163731	1854384	1832133	6621
洋县	776006	770236	655729	652219	6395
西乡县	560317	559644	491101	490723	3290
勉县	3761650	3702830	3664134	3624112	2270
宁强县	421196	420696	374100	374027	2494
略阳县	317202	313191	288594	286881	1730
镇巴县	310822	309922	244119	243719	4803
留坝县	45568	44885	37879	37484	749
佛坪县	31201	31201	24040	24040	882
六、按行业大类分组					
煤炭开采和洗选业	173989	173989	138675	138675	2880
黑色金属矿采选业	273906	259563	246823	235420	1769
有色金属矿采选业	166091	166034	148048	148002	1111
非金属矿采选业	72578	72547	63110	62705	827
农副食品加工业	1035062	1034350	942427	942402	4661
食品制造业	123959	123959	107383	107383	1004
酒、饮料和精制茶制造业	558327	556275	453081	430969	8501
烟草制品业	449815	448653	168740	167566	218105

单位：万元、个、人

主营业务税金及附加	其他业务收入	其他业务利润	销售费用	管理费用	税　金	财务费用		
							利息收入	利息支出
224844	30740	8003	26377	101745	2033	21933	4805	23585
2397	39347	297	22303	35885	3721	76959	2264	64443
38597	44293	2651	156689	252268	12098	77918	2301	70374
13456	9505	2325	56529	88932	3424	21761	1291	21189
223448	6207	1293	32450	66423	2621	6342	1207	6285
6621	27310	4992	25288	74431	4201	22921	2395	23591
6142	5769	910	11326	32468	1365	16075	2007	13915
3277	673	25	18138	20042	786	5766	220	5423
2236	58820	1133	21132	42394	3675	82734	2069	69352
2494	500	208	10158	19837	348	2969	30	2826
1730	4011	63	2437	19996	514	13233	73	12879
4803	900	0	23067	21232	515	4337	64	2307
749	684	0	1663	3093	393	495	10	465
882	0	0	3181	1052	10	176	4	171
2880	0	0	15387	11693	414	1369	2	1370
1769	14343	823	6024	12795	670	2014	4	1770
1111	57	9	1685	13027	243	1211	35	1250
827	31	22	2999	4466	46	685	5	655
4658	712	166	17512	19460	831	6603	94	5965
1004	0	0	2016	2189	69	2636	4	2429
8462	2051	334	26954	29600	1912	5736	37	3780
218105	1162	0	11089	26497	1193	−454	762	298

8-6 续表 11

指 标	营业收入	主营业务收入	营业成本	主营业务成本	营业税金及附加
纺织业	264605	264605	217034	217034	792
纺织服装、服饰业	38028	38028	32050	32050	72
皮革、毛皮、羽毛及其制品和制鞋业	7986	7986	7631	7631	29
木材加工和木、竹、藤、棕、草制品业	13549	13549	10989	10989	26
家具制造业	6096	6096	4592	4592	42
印刷和记录媒介复制业	15691	15691	11341	11341	80
文教、工美、体育和娱乐用品制造业	9310	9310	6286	6286	163
石油加工、炼焦和核燃料加工业	130537	128940	78179	77430	1036
化学原料和化学制品制造业	227490	224752	195287	192919	617
医药制造业	722352	713173	493488	488385	4440
橡胶和塑料制品业	87763	87763	74672	74672	262
非金属矿物制品业	570730	566600	471004	466481	3656
黑色金属冶炼和压延加工业	1705863	1665930	1676393	1654232	1499
有色金属冶炼和压延加工业	2277386	2272400	2217344	2207237	2535
金属制品业	235871	235122	202879	202512	1260
通用设备制造业	166706	166342	142131	141913	962
专用设备制造业	85396	85332	74824	74824	456
汽车制造业	45801	45796	36585	36584	505
铁路、船舶、航空航天和其他运输设备制造业	1352517	1325694	1210356	1190993	3857
电气机械和器材制造业	129388	129357	115327	115304	442
计算机、通信和其他电子设备制造业	31751	31751	26967	26967	257
仪器仪表制造业	80478	80059	60887	60885	510
其他制造业	4771	4771	4346	4346	30
废弃资源综合利用业	30399	28183	26712	23913	61
电力、热力生产和供应业	632510	629917	576166	575108	3706
水的生产和供应业	6899	6705	2748	2748	67

单位：万元、个、人

主营业务税金及附加	其他业务收入	其他业务利润	销售费用	管理费用	税金	财务费用		
							利息收入	利息支出
792	0	0	2259	5601	286	8506	120	8386
72	0	0	35	480	6	0	0	0
29	0	0	0	135	0	35	0	17
26	0	0	472	948	0	393	0	31
42	0	0	541	511	11	9	1	10
80	0	0	438	681	5	187	28	214
163	0	0	446	1307	2	351	0	279
1036	1597	848	280	14433	464	5618	700	5673
617	2738	−10	4918	9034	832	2595	88	2505
4433	9179	165	31280	34921	2148	7277	333	8134
258	0	0	970	4037	425	671	1	577
3656	4130	31	19127	22304	1713	9266	470	8287
1487	39933	−49	10804	31223	2429	55621	2024	42563
2535	4986	438	9193	18073	1171	28656	739	27736
1244	749	0	4833	9966	318	1722	−20	1580
710	364	69	7133	12271	859	9380	219	8189
456	64	48	1128	2874	51	407	4	306
505	4	0	539	2285	107	169	−30	201
3857	26823	6804	16797	71778	727	4012	3426	4800
441	31	0	4245	3537	145	1218	7	958
257	0	0	736	1987	18	116	16	1
510	419	19	2243	5679	621	274	21	291
30	0	0	33	37	4	12	0	12
30	2216	98	324	1124	9	50	51	2
3691	2593	940	1548	13137	32	20363	225	20027
67	194	194	1383	1809	91	101	5	108

8-6 续表 12

指　标	营业利润	资产减值损失	公允价值变动收益	投资收益	营业外收入
总　计	**470082**	**-13595**	**2740**	**6823**	**46682**
一、按登记注册类型分组					
内资企业	422994	−13595	2740	6823	44969
国有企业	9925	998	0	127	1213
中央企业	11175	996	0	127	1209
地方企业	−1250	2	0	0	4
集体企业	4205	0	0	0	66
联营企业	776	23	0	0	196
国有联营企业	776	23	0	0	196
有限责任公司	189579	−16752	3269	1440	29145
国有独资公司	77143	265	1917	4091	13494
其他有限责任公司	112435	−17018	1352	−2651	15651
股份有限公司	31565	1890	−246	5258	3860
私营企业	186944	246	−283	−1	10491
私营独资企业	7537	244	−282	0	7
私营有限责任公司	158697	2	−1	−1	9032
私营股份有限公司	20710	0	0	0	1452
港、澳、台商投资企业	33179	0	0	0	318
合资经营企业（港或澳、台资）	30613	0	0	0	182
港澳台商独资经营企业	2565	0	0	0	136
外商投资企业	13910	0	0	0	1395
中外合资经营企业	215	0	0	0	0
外资企业	13695	0	0	0	1395
二、按经济组织类型分组					
独资企业	37927	1242	−282	127	2816

单位：万元、个、人

政府补助	营业外支出	利润总额	所得税费用	亏损企业亏损总额	利税总额	应交税金及附加	本年应付职工薪酬	本年应交增值税	从业人员平均人数
25435	**24208**	**492555**	**115541**	**105505**	**1073607**	**714445**	**585179**	**314832**	**101383**
25335	23049	444913	105168	105059	1009870	687181	573780	301014	99845
376	463	10674	17574	4132	36233	43350	67343	22664	7455
376	462	11922	17574	2617	36996	42860	64591	22245	7013
0	1	−1247	0	1515	−763	490	2751	418	442
10	8	4262	103	344	7801	3683	1477	3122	349
159	27	944	79	0	1230	375	2599	51	415
159	27	944	79	0	1230	375	2599	51	415
19933	15066	203658	44298	79739	623459	474452	321316	180290	54356
12334	2101	88536	14773	691	373984	302802	101843	65037	7812
7599	12965	115122	29526	79048	249475	171651	219473	115253	46544
2323	5155	30269	4533	6232	57281	32593	40753	20906	10220
2533	2329	195105	38582	14613	283865	132727	140292	73982	27050
7	20	7524	1374	0	11964	5896	8797	3668	1626
2054	1855	165873	34160	14507	243634	116273	114480	64939	22649
471	454	21708	3048	106	28267	10559	17016	5374	2775
100	1129	32367	6450	446	42324	17107	8155	8606	935
0	1122	29674	5983	0	37910	14735	6433	7061	454
100	8	2694	467	446	4414	2373	1721	1545	481
0	30	15275	3923	0	21413	10157	3244	5213	603
0	0	215	54	0	310	149	432	85	120
0	30	15060	3870	0	21103	10008	2813	5128	483
494	529	40214	23387	4921	81516	65309	82150	36127	10394

8-6 续表 13

指 标	营业利润	资产减值损失	公允价值变动收益	投资收益	营业外收入
国有企业	9925	998	0	127	1213
集体企业	4205	0	0	0	66
私营独资企业	7537	244	−282	0	7
港澳台商独资经营企业	2565	0	0	0	136
外资企业	13695	0	0	0	1395
合作、合伙企业	776	23	0	0	196
国有联营企业	776	23	0	0	196
股份有限公司	52275	1890	−246	5258	5311
股份有限公司（内资）	31565	1890	−246	5258	3860
私营股份有限公司	20710	0	0	0	1452
有限责任公司	379104	−16750	3268	1439	38358
国有独资公司	77143	265	1917	4091	13494
私营有限责任公司	158697	2	−1	−1	9032
合资经营企业（港或澳、台资）	30613	0	0	0	182
中外合资经营企业	215	0	0	0	0
其他有限责任公司	112435	−17018	1352	−2651	15651
三、在总计中 ：亏损企业	−103655	421	0	−2520	7699
在总计中 ：国有控股企业	123368	−13852	3269	3300	25337
在总计中 ：农村工业	2343	0	0	0	0
在总计中 ：轻工业	314726	−27	−247	4089	9003
重工业	155356	−13568	2987	2734	37678
在总计中 ：大型企业	138452	−17773	1352	4459	13858
中型企业	151727	3451	1389	1553	8698
小型企业	179903	728	−1	812	24125
纯小型企业	182876	665	−1	812	23919
微型企业	−2973	63	0	0	207

单位：万元、个、人

政府补助	营业外支出	利润总额	所得税费　用	亏损企业亏损总额	利税总额	应交税金及附加	本年应付职工薪酬	本年应交增值税	从业人员平均人数
376	463	10674	17574	4132	36233	43350	67343	22664	7455
10	8	4262	103	344	7801	3683	1477	3122	349
7	20	7524	1374	0	11964	5896	8797	3668	1626
100	8	2694	467	446	4414	2373	1721	1545	481
0	30	15060	3870	0	21103	10008	2813	5128	483
159	27	944	79	0	1230	375	2599	51	415
159	27	944	79	0	1230	375	2599	51	415
2795	5609	51977	7580	6338	85548	43152	57769	26280	12995
2323	5155	30269	4533	6232	57281	32593	40753	20906	10220
471	454	21708	3048	106	28267	10559	17016	5374	2775
21988	18043	399420	84495	94246	905313	605609	442660	252374	77579
12334	2101	88536	14773	691	373984	302802	101843	65037	7812
2054	1855	165873	34160	14507	243634	116273	114480	64939	22649
0	1122	29674	5983	0	37910	14735	6433	7061	454
0	0	215	54	0	310	149	432	85	120
7599	12965	115122	29526	79048	249475	171651	219473	115253	46544
2852	9548	−105505	191	105505	−72519	36696	87371	29736	18385
20857	18647	130059	52029	74252	527902	457080	314872	164025	47074
0	0	2343	586	0	2487	730	801	41	290
5807	5425	318304	59873	2297	693732	442028	156691	137153	24222
19628	18782	174251	55668	103208	379875	272417	428488	177679	77161
8420	10941	141369	61235	70854	511542	438720	259158	139923	42338
2906	7556	152869	29308	9956	223093	103005	171641	59427	25579
14109	5710	198318	24998	24696	338972	172720	154380	115482	33466
14064	5580	201214	24321	16775	337944	168077	147837	112507	33039
45	131	−2897	677	7921	1028	4642	6543	2975	427

8-6 续表 14

指　标	营业利润	资产减值损失	公允价值变动收益	投资收益	营业外收入
四、按隶属关系分组					
中央企业	97929	−515	1917	5961	11607
省属企业	−42340	−15943	1352	−3501	9628
市县属企业	414492	2864	−529	4364	25447
五、按县（区）分组					
汉台区	124822	1742	1671	2971	12514
南郑县	71413	1880	−1	420	5589
城固县	210874	−2109	0	1370	5263
洋县	56367	679	−282	3234	8061
西乡县	22154	2	0	177	2235
勉县	−35199	−15959	1352	−1494	9184
宁强县	11604	94	0	61	1370
略阳县	−8862	75	0	1	1141
镇巴县	13308	1	0	44	803
留坝县	1713	1	0	24	344
佛坪县	1887	0	0	15	178
六、按行业大类分组					
煤炭开采和洗选业	3985	0	0	0	5
黑色金属矿采选业	4479	2	0	0	142
有色金属矿采选业	958	51	0	0	165
非金属矿采选业	492	0	0	0	12
农副食品加工业	44430	−31	0	0	2758
食品制造业	8732	0	0	0	80
酒、饮料和精制茶制造业	34507	1	−1	54	1157
烟草制品业	26209	−2	0	368	735

单位：万元、个、人

政府补助	营业外支出	利润总额	所得税费用	亏损企业亏损总额	利税总额	应交税金及附加	本年应付职工薪酬	本年应交增值税	从业人员平均人数
8822	3132	106404	34526	2617	431213	361368	177512	99950	27205
7753	7436	−40149	3944	64339	4264	52078	79045	42016	11134
8860	13639	426300	77071	38549	638130	300999	328622	172867	63044
6701	7283	130054	31170	11131	246631	151172	140047	103084	22610
3404	1063	75940	12499	951	374193	313373	97622	74760	11420
4060	2859	213278	49199	2890	257151	97273	108454	37251	23006
6688	1143	63285	8871	391	81274	28224	65909	11594	10450
1068	192	24197	4523	117	41969	23081	18802	14482	3867
1194	7713	−33728	7046	72977	10910	55359	69354	42367	14836
1070	299	12676	922	2715	20318	8912	19405	5149	4317
291	2880	−10601	280	14190	1911	13307	38246	10782	5519
495	620	13491	735	1	31536	19295	23812	13243	4695
296	64	1993	210	143	3393	2003	2440	650	414
169	93	1971	85	0	4323	2447	1086	1470	249
5	3	3987	93	1	15224	11744	14667	8357	3655
20	2017	2605	1553	6636	17100	16717	36802	12725	5501
62	36	1087	184	475	2732	2072	6601	534	1358
0	237	266	359	1519	3787	3925	4052	2693	1043
1306	213	46975	4680	1262	78700	37236	20058	27064	5103
62	23	8790	57	0	12978	4314	1876	3185	982
652	882	34782	5936	222	55494	28560	23912	12211	5357
363	810	26134	6781	0	296832	278672	39917	52594	1931

8-6 续表 15

指 标	营业利润	资产减值损失	公允价值变动收益	投资收益	营业外收入
纺织业	30412	0	0	0	216
纺织服装、服饰业	5390	0	0	0	0
皮革、毛皮、羽毛及其制品和制鞋业	156	0	0	0	0
木材加工和木、竹、藤、棕、草制品业	721	0	0	0	0
家具制造业	402	0	0	0	0
印刷和记录媒介复制业	2965	0	0	0	1
文教、工美、体育和娱乐用品制造业	756	0	0	0	0
石油加工、炼焦和核燃料加工业	34150	−19	0	3140	5292
化学原料和化学制品制造业	15046	−6	0	2	1345
医药制造业	154342	5	−246	3647	3786
橡胶和塑料制品业	7149	0	0	0	48
非金属矿物制品业	44094	1931	0	651	5347
黑色金属冶炼和压延加工业	−70053	377	0	0	2825
有色金属冶炼和压延加工业	17594	−16151	1352	−1495	756
金属制品业	14832	381	0	0	1057
通用设备制造业	−7716	23	0	−2522	3453
专用设备制造业	5705	1	0	0	414
汽车制造业	5719	0	0	0	188
铁路、船舶、航空航天和其他运输设备制造业	46304	−274	1917	2270	7482
电气机械和器材制造业	4619	0	0	0	68
计算机、通信和其他电子设备制造业	1688	0	0	0	110
仪器仪表制造业	10884	2	0	0	313
其他制造业	314	0	0	0	15
废弃资源综合利用业	2123	6	0	0	1
电力、热力生产和供应业	17904	111	−282	708	8898
水的生产和供应业	790	0	0	0	13

单位：万元、个、人

政府补助	营业外支出	利润总额	所得税费　用	亏损企业亏损总额	利税总额	应交税金及附加	本年应付职工薪酬	本年应交增值税	从业人员平均人数
21	393	30235	5733	0	39629	15414	20789	8602	2991
0	0	5390	1348	0	7672	3636	2533	2210	640
0	2	154	0	0	475	321	88	291	53
0	0	721	0	0	949	227	314	201	138
0	0	402	26	0	983	618	379	539	88
0	11	2955	390	0	3603	1043	595	568	212
0	0	756	16	0	1003	264	474	84	159
5223	957	38485	5579	0	41459	9017	22554	1938	2305
759	622	15769	3519	1413	21174	9756	21234	4787	4315
3261	3034	155093	33463	793	187496	68014	38980	27963	5310
200	0	7198	1677	0	8462	3366	7492	1002	1247
314	5393	44047	7427	1310	70341	35434	23088	22638	5016
16	6840	−74068	218	77762	−52205	24510	46636	20364	8243
261	478	17871	2697	43	41748	27744	31485	21342	5294
60	223	15666	1975	0	23167	9794	19173	6241	3084
2128	214	−4477	154	7276	472	5962	16689	3987	4140
367	16	6104	607	118	9507	4063	5574	2948	933
10	2	5905	541	0	10430	5174	2198	4020	492
3205	501	53285	8583	2617	82709	38734	79695	25567	22229
47	64	4623	290	103	10306	6118	5524	5241	1736
93	6	1792	286	76	2839	1351	5865	790	1238
298	60	11137	2087	0	17068	8639	4727	5421	694
4	0	329	82	0	502	259	164	143	110
0	2	2122	88	21	2429	404	1752	247	188
6690	1165	25637	18909	3838	57453	50756	76926	28109	5272
11	6	797	203	20	1092	589	2368	227	326

8-7 规模以上工业企业能源购进、消费与库存（2016年）

指 标	单 位	年初库存量	购进量	
				购自省外
原煤	吨	156954	3916680	553023
其中：1．无烟煤	吨	5238	250316	142058
2．炼焦烟煤	吨	15	383	0
3．一般烟煤	吨	137679	3536482	315239
4．褐煤	吨	14022	129500	95726
洗精煤（用于炼焦）	吨	15517	0	0
其他洗煤	吨	0	250	250
煤制品	吨	94	1617	1572
焦炭	吨	107969	1621218	110527
高炉煤气	万立方米	0	113479	0
转炉煤气	万立方米	0	0	0
天然气	万立方米	8	2310	0
液化天然气	吨	8	264	94
原油	吨	0	15	0
汽油	吨	175	2372	324
煤油	吨	1785	9892	9876
柴油	吨	836	14730	143
液化石油气	吨	0	17	0
润滑油	吨	0	8	0
溶剂油	吨	5	48	0
石油焦	吨	89	3751	3751
石油沥青	吨	0	1749	1749
其他石油制品	吨	7	106	0
热力	百万千焦	0	60290	0
电力	万千瓦时	0	512602	0
生物燃料	吨标准煤	8	318	253
余热余压	百万千焦	0	33054	0
其他燃料	吨标准煤	10	546	4
能源合计	吨标准煤	0	0	0

单位：万元、个、人

消费量合计	1. 工业生产消费	用于原材料	2. 非工业生产消费	合计中：运输工具消费	年末库存量
3886103	3878658	143442	7445	24	175050
245288	245143	69993	145	0	10274
390	390	0	0	0	8
3507658	3500357	73448	7300	24	154014
132768	132768	0	0	0	10753
0	0	0	0	0	15517
250	235	0	15	0	0
1572	1572	0	0	0	139
1647135	1646617	29267	519	0	82051
460093	460093	0	0	0	0
7797	7797	0	0	0	0
2303	2083	9	220	0	5
258	258	20	0	0	7
15	15	0	0	0	0
2493	1552	39	941	952	63
3468	3468	0	0	0	2209
14706	11921	523	2785	5999	184
17	17	0	0	0	0
8	8	0	0	0	0
48	48	0	0	0	5
3672	3672	3672	0	0	168
1749	1749	1749	0	0	0
105	105	10	0	0	8
60290	60290	0	0	0	0
544910	540494	0	4417	45881	0
318	318	0	0	0	8
1215361	1215361	0	0	0	0
565	505	0	60	0	4
5741066	5721404	0	19662	0	0

8-8 规模以上工业企业能源加工转换（2016年）

指标	单位	工业生产消费量	加工转换投入合计	火力发电	原煤入洗	能源加工转换产出	回收利用
原煤	吨	3585492	2120392	1335536	784856	0	0
其中：1．无烟煤	吨	162046	0	0	0	0	0
2．一般烟煤	吨	3291614	2120392	1335536	784856	0	0
3．褐煤	吨	131831	0	0	0	0	0
洗精煤（用于炼焦）	吨	0	0	0	0	380600	0
其他洗煤	吨	0	0	0	0	194010	0
焦炭	吨	1645825	0	0	0	0	0
高炉煤气	万立方米	446676	100062	100062	0	0	491434
转炉煤气	万立方米	7797	0	0	0	0	23399
天然气	万立方米	356	0	0	0	0	0
汽油	吨	29	0	0	0	0	0
柴油	吨	1290	51	51	0	0	0
电力	万千瓦时	349743	0	0	0	368095	0
余热余压	百万千焦	1215361	845300	845300	0	0	2617075
能源合计	吨标准煤	5183429	1675238	1114615	560623	969538	784731

8-9 规模以上工业企业分行业、分县区能源消费（2016年）

单位：吨标准煤

指　标	综合能源消费量
全部工业企业	**4051050**
一、按工业行业门类分	
（一）轻工业	91108
（二）重工业	3959942
（三）采矿业	94302
煤炭开采和洗选业	44066
黑色金属矿采选业	37596
有色金属矿采选业	5598
非金属矿采选业	7043
（四）制造业	3197904
农副食品加工业	30857
食品制造业	1633
酒、饮料和精制茶制造业	14350
烟草制品业	5311
纺织业	10032
纺织服装、服饰业	806
皮革、毛皮、羽毛及其制品和制鞋业	80
木材加工和木、竹、藤、棕、草制品业	76
家具制造业	543
印刷和记录媒介复制业	508
文教、工美、体育和娱乐用品制造业	2
石油加工、炼焦和核燃料加工业	32947
化学原料和化学制品制造业	225632
医药制造业	23577
橡胶和塑料制品业	2646
非金属矿物制品业	520744
黑色金属冶炼和压延加工业	1949501

8-9 续表 1

单位：吨标准煤

指　标	综合能源消费量
有色金属冶炼和压延加工业	315868
金属制品业	5022
通用设备制造业	5739
专用设备制造业	463
汽车制造业	284
铁路、船舶、航空航天和其他运输设备制造业	42580
电气机械和器材制造业	1169
计算机、通信和其他电子设备制造业	612
仪器仪表制造业	682
其他制造业	9
废弃资源综合利用业	6228
（五）电力、热力、燃气及水生产和供应业	758844
电力、热力生产和供应业	757082
水的生产和供应业	1762
二、按县区分	
汉台区	335211
南郑县	149054
城固县	181083
洋县	291971
西乡县	95646
勉县	2303766
宁强县	24467
略阳县	620459
镇巴县	45909
留坝县	1801
佛坪县	1684

8-10 规模以上工业企业水消费（2016年）

单位：立方米

指　标	取水量	外供水量
合　计	**63324256**	**32428998**
陆表淡水	11675938	2972406
地下淡水	47211705	4509
自来水	2294358	29387216
矿井水	28490	
雨水	429716	
再生水（中水）	1683725	
其他水	324	64867
补充资料：		
重复用水量	13255614	
外排水量	378282778	

8-11 规模以上工业企业分行业、分县区水消费（2016年）

单位：立方米

指 标	取水量	外供水量
总 计	**63324256**	**32428998**
一、按轻重工业分		
（一）轻工业	37287229	32421083
（二）重工业	26037027	7915
二、按行业分		
（一）采矿业	1805344	
煤炭开采和洗选业	1662	
黑色金属矿采选业	1297409	
有色金属矿采选业	320127	
非金属矿采选业	186146	
（二）制造业	24047105	72793
农副食品加工业	459073	
食品制造业	56294	
酒、饮料和精制茶制造业	1408852	64878
烟草制品业	185496	
纺织业	247664	
纺织服装、服饰业	18000	
皮革、毛皮、羽毛及其制品和制鞋业	22635	
木材加工和木、竹、藤、棕、草制品业	1250	
家具制造业	1390	
印刷和记录媒介复制业	6186	
文教、工美、体育和娱乐用品制造业	1302	
石油加工、炼焦和核燃料加工业	1429360	
化学原料和化学制品制造业	1980395	
医药制造业	1353790	
橡胶和塑料制品业	12860	
非金属矿物制品业	2147660	
黑色金属冶炼和压延加工业	8350935	
有色金属冶炼和压延加工业	1398783	
金属制品业	136669	
通用设备制造业	1172256	7915
专用设备制造业	28104	

8-11 续表 1

单位：立方米

指　标	取水量	外供水量
汽车制造业	13181	
铁路、船舶、航空航天和其他运输设备制造业	3314342	
电气机械和器材制造业	60707	
计算机、通信和其他电子设备制造业	41368	
仪器仪表制造业	176255	
其他制造业	1050	
废弃资源综合利用业	21248	
（三）电力、热力、燃气及水生产和供应业	37471807	32356205
电力、热力生产和供应业	4099149	
水的生产和供应业	33372658	32356205
三、按县区分		
汉中市	63324256	32428998
汉台区	35034277	29459987
南郑县	1476648	11
城固县	3217353	
洋县	4227028	
西乡县	4148278	2969000
勉县	10506192	
宁强县	735160	
略阳县	3932123	
镇巴县	16628	
留坝县	22278	
佛坪县	8291	
四、按注册类型分		
国有企业	1772709	
集体企业	76776	
股份制企业	60551252	32364131
外商及港澳台商投资企业	737935	64867
其他经济类型企业	185584	

8-12 单位产品综合能源消耗

指　标	单　位	2016年		
		指标值	子项值	母项值
单位合成氨生产综合能耗	千克标准煤／吨	1166.98	202190.70	173259.33
吨水泥熟料综合能耗	千克标准煤／吨	103.50	416542.76	4024475.46
吨水泥综合能耗	千克标准煤／吨	86.92	484572.61	5574888.92
吨钢综合能耗	千克标准煤／吨	531.62	1845306.66	3471103.30
锰硅合金工序单位能耗	千克标准煤／吨	811.17	95406.00	117615.00
吨钢耗新水	吨／吨	1.75	6072526.00	3471103.30
单位铅冶炼综合能耗	千克标准煤／吨	648.41	11993.69	18496.97
单位精锌（电锌）综合能耗	千克标准煤／吨	724.85	185188.19	255485.69
电厂火力发电标准煤耗	克标准煤／千瓦时	308.59	1086306.46	352023.00

8-12 续表 1

指 标	2015年			单位换算系数
	指标值	子项值	母项值	
单位合成氨生产综合能耗	1250.20	255370.63	204263.10	1000
吨水泥熟料综合能耗	104.96	375147.15	3574326.87	1000
吨水泥综合能耗	85.44	446914.34	5230552.91	1000
吨钢综合能耗	533.97	1931516.49	3617245.90	1000
锰硅合金工序单位能耗	841.21	108476.54	128953.00	1000
吨钢耗新水	1.86	6710772.00	3617245.90	1
单位铅冶炼综合能耗	648.80	10068.88	15519.34	1000
单位精锌（电锌）综合能耗	726.22	168084.07	231450.20	1000
电厂火力发电标准煤耗	303.63	741673.10	244269.00	100

8-13 单位产品电耗

指 标	单 位	2016年		
		指标值	子项值	母项值
单位合成氨耗电	千瓦时 / 吨	1253.23	21713.38	173259.33
吨水泥熟料综合电耗	千瓦时 / 吨	60.78	24461.41	4024475.46
吨水泥综合电耗	千瓦时 / 吨	76.33	42551.72	5574888.92
吨钢耗电	千瓦时 / 吨	346.20	120169.46	3471103.30
锰硅合金单位电耗	千瓦时 / 标准吨	3865.75	45467.00	117615.00
轧钢工序单位电力消耗	千瓦时 / 吨	90.35	23928.46	2648495.54
析出铅直流电单耗	千瓦时 / 吨	128.13	237.00	18496.97
析出锌（湿法）直流电单耗	千瓦时 / 吨	3036.05	112963.69	372075.04
发电厂用电率	%	6.19	21785.00	352023.00

8-13 续表 1

指 标	2015 年			单位换算系数
	指标值	子项值	母项值	
单位合成氨生产综合能耗	1406.72	28734.03	204263.10	10000
吨水泥熟料综合能耗	65.46	23398.63	3574326.87	10000
吨水泥综合能耗	86.25	45110.94	5230552.91	10000
吨钢综合能耗	391.95	141778.48	3617245.90	10000
锰硅合金工序单位能耗	4701.52	60627.50	128953.00	10000
吨钢耗新水	96.48	32062.43	3323362.99	10000
单位铅冶炼综合能耗	156.20	242.41	15519.34	10000
单位精锌（电锌）综合能耗	3110.82	107780.03	346468.59	10000
电厂火力发电标准煤耗	7.34	17927.00	244269.00	100

8-14 能源产品生产与销售（2016年）

指　标	单　位	生产量	销售量	销往省外	企业自用及其他
原煤	万吨	234.96	234.96	205.65	
一般烟煤	万吨	234.96	234.96	205.65	
洗精煤（用于炼焦）	万吨	38.06	37.15		
其他洗煤	万吨	19.40	20.26	20	
发电量	亿千瓦小时	62.70	59.37		4.01
火力发电量	亿千瓦小时	36.80	33.51		3.94
燃煤发电量	亿千瓦小时	31.56	29.39		2.17
余热、余压、余气发电量	亿千瓦小时	5.25	4.12		1.77
水力发电量	亿千瓦小时	25.89	25.86		
煤气	亿立方米	13.21			13.21

8-15 重点能源商品经销（2016年）

商品名称	单　位	年初商品库存量	商品购进量	其中：购自省外	商品销售量	其中：销往省外	期末商品库存量
原煤	万吨	1.38	110.18	13.50	11.21	0.80	11.84
汽油	万吨	0.61	66.19	0.00	66.26	28.50	0.52
柴油	万吨	0.49	51.53	0.00	51.32	0.01	0.66
液化石油气	万吨	0.00	0.08	0.00	0.08	0.00	0.00
润滑油	万吨	0.00	0.07	0.04	0.06	0.00	0.03

主要统计指标解释

工业　指从事自然资源的开采，对采掘品和农产品进行加工和再加工的物质生产部门。具体包括：（1）对自然资源的开采，如采矿、晒盐等（但不包括禽兽捕猎和水产捕捞）；（2）对农副产品的加工、再加工，如粮油加工、食品加工、缫丝、纺织、制革等；（3）对采掘品的加工、再加工，如炼铁、炼钢、化工生产、石油加工、机器制造、木材加工等，以及电力、自来水、煤气的生产和供应等；（4）对工业品的修理、翻新，如机器设备的修理、交通运输工具（如汽车）的修理等。

轻工业　指主要提供生活消费品和制作手工工具的工业。按其所使用的原料不同，可分为两大类：（1）以农产品为原料的轻工业，是指直接或间接以农产品为基本原料的轻工业。主要包括食品制造、饮料制造、烟草加工、纺织、缝纫、皮革和毛皮制作、造纸以及印刷等工业；（2）以非农产品为原料的轻工业，是指以工业品为原料的轻工业。主要包括文教体育用品、化学药品制造、合成纤维制造、日用化学制品、日用玻璃制品、日用金属制品、手工工具制造、医疗器械制造、文化和办公用机械制造等工业。

重工业　指为国民经济各部门提供物质技术基础的主要生产资料的工业。按其生产性质和产品用途，可以分为下列三类：（1）采掘（伐）工业，是指对自然资源的开采，包括石油开采、煤炭开采、金属矿开采、非金属矿开采等工业；（2）原材料工业，指向国民经济各部门提供基本材料、动力和燃料的工业。包括金属冶炼及加工、炼焦及焦炭、化学、化工原料、水泥、人造板以及电力、石油和煤炭加工等工业；（3）加工工业，是指对工业原材料进行再加工制造的工业。包括装备国民经济各部门的机械设备制造工业、金属结构、水泥制品等工业，以及为农业提供的生产资料如化肥、农药等工业。

根据上述划分原则，修理业中以重工业产品为修理作业对象的划为重工业，反之划为轻工业。

国有及国有控股企业　指国有企业加上国有控股企业。国有企业（即原全民所有制工业或国营工业）指企业全部资产归国家所有，并按《中华人民共和国企业法人登记管理条例》规定登记注册的非公司制的经济组织。包括国有企业、国有独资公司和国有联营企业。1957年以前的公私合营和私营工业，后均改造为国营工业，1992年改为国有工业，这部分工业的资料不单独分列时，均包括在国有企业内。国有控股企业是对混合所有制经济的企业进行的“国有控股”分类。它是指这些企业的全部资产中国有资产（股份）相对其他所有者中的任何一个所有者占资（股）最多的企业。该分组反映了国有经济控股情况。

工业总产值

（1）定义：

工业总产值是以货币形式表现的，工业企业在一定时期内生产的工业最终产品或提供工业性劳务活动的总价值量。它反映一定时间内工业生产的总规模和总水平。

（2）计算原则：

工业生产的原则，即凡是企业在报告期生产的经检验合格的产品，不管是否在报告期销售，均包括在内。

最终产品的原则，即凡是计入工业总产值的产品，必须是本企业生产的经检验合格的，不需要再进行任何加工的最终产品。如果企业有中间产品（半成品）对外销售，则对外销售的中间产品应视为企业的最终产品。

工厂法原则，即工业总产值是以工业企业作为基本计算（核算）单位，即按企业的最终产品计算工业总产值。按这种方法计算的工业总产值，不允许同一产品价值在企业内部重复计算，不能把企业内部各个车间（分厂）生产的成果相加，但允许企业间的重复计算。

（3）内容及计算方法：

1995年全国工业普查对工业总产值（原规定）的内容及计算原则和方法做了某些修订，修订后的工业总产值（新规定）包括三项内容：即本期生产成品价值、对外加工费收入、在制品半成品期末期初差额价值三部分。

工业增加值　指工业企业在报告期内以货币表现的工业生产活动的最终成果。

工业增加值有两种计算方法：一是生产法，即工业总产出减去工业中间投入加上应交增值税；二是收入法，即从收入的角度出发，根据生产要素在生产过程中应得到的收入份额计算，具体构成项目有固定资产折旧、劳动者报酬、生产税净额、营业盈余，这种方法也称要素分配法。本年鉴中的工业增加值是以生产法计算的。

生产法工业增加值的计算方法为：

工业增加值=工业总产出－工业中间投入+应交增值税

资产总计　指企业拥有或控制的能以货币计量的经济资源，包括各种财产、债权和其他权利。资产按流动性分为流动资产、长期投资、固定资产、无形资产、递延资产和其他资产。该指标根据企业会计“资产负债表”中“资产总计”项目的期末数增列。

流动资产　指企业可以在一年内或者超过一年的一个生产周期内变现或者耗用的资产，包括现金及各种存款、短期投资，应收及预付款项、存货等。

流动资产平均余额　指企业在报告期内全部流动资产的平均余额。

固定资产原价　指企业在建造、购置、安装、改建、扩建、技术改造某项固定资产时所支出的全部货币总额。它一般包括买价、包装费、运杂费和安装费等。

固定资产净值年平均余额　指固定资产净值在报告期内余额的平均数。计算公式为：

$$\text{固定资产净值年平均余额}=\frac{\text{1至12月各月月初、月末固定资产净值之和}}{24}$$

固定资产净值　指固定资产原价减去历年已提折旧额后的净额。计算公式为：

固定资产净值=固定资产原价－累计折旧

负债合计　指企业所承担的能以货币计量，将以资产或劳务偿付的债务，偿还形式包括货币、资产或提供劳务。负债一般按偿还期长短分为流动负债和长期负债。根据会计“资产负债表”中“负债合计”的年末数填列。

所有者权益　指企业投资人对企业净资产的所有权。企业净资产等于企业全部资产减去全部负债后的余额，包括企业投资人对企业的最初投入的实际到位的资产及资本公积金、盈余公积金和未分配利润。所有者权益合计数小于零，表示企业资不抵债。

主营业务收入　指会计“利润表”中对应指标的本年累计数。未执行2001年《企业会计制度》的企业，用“产品销售收入”的本期累计数代替。

主营业务成本　指会计“利润表”中对应指标的本年累计数。未执行2001年《企业会计制度》的企业，用“产品销售成本”的本期累计数代替。

主营业务税金及附加　指会计“利润表”中对应指标的本年累计数。未执行2001年《企业会计制度》的企业，用“产品销售税金及附加”的本期累计数代替。

利润总额　指企业生产经营活动的最终成果，是企业在一定时期内实现的盈亏相抵后的利润总额（亏损以“－”号表示），它等于营业利润加上补贴收入加上投资收益加上营业外净收入再加上以前年度损益调整。

本年应交增值税 指企业在报告期内应交纳的增值税额。它等于本年销项税额加上出口退税加上进项税额转出数减去本年进项税额。小规模纳税企业直接按全年计税销售额乘以征收率计算取得。

从业人员平均人数 是指报告期内每天拥有的从业人员人数。其计算公式为：

$$\text{年平均人数}=\frac{\text{年内各月平均人数之和}}{12}$$

总资产贡献率 反映企业全部资产的获利能力，是企业经营业绩和管理水平的集中体现，是评价和考核企业盈利能力的核心指标。计算公式为：

$$\text{总资产贡献率（\%）}=\frac{\text{利润总额+税金总额+利息支出}}{\text{平均资金总额}}\times100\%$$

公式中：税金总额为产品销售税金及附加与应交增值税之和；平均资产总额为期初期末资产之和的算术平均值。

资产负债率 该指标既反映企业经营风险的大小，也反映企业利用债权人提供的资金从事经营活动的能力。计算公式为：

$$\text{资产负债率（\%）}=\frac{\text{负债总额}}{\text{资产总额}}\times100\%$$

资产与负债均为报告期期末数。

流动资产周转次数 指一定时期内流动资产完成的周转次数，反映投入工业企业流动资金的周转速度。计算公式为：

$$\text{流动资产周转次数}=\frac{\text{产品销售收入}}{\text{全部流动资产平均余额}}$$

公式中：全部流动资产平均余额为期初和期末的流动资产之和的算术平均值。

成本费用利润率 反映企业投入的生产成本及费用的经济效益，同时也反映企业降低成本所取得的经济效益。计算公式为：

$$\text{成本费用利润率（\%）}=\frac{\text{利润总额}}{\text{成本费用总额}}\times100\%$$

公式中：成本费用总额为产品销售成本、销售费用、管理费用、财务费用之和。

产品销售率 该指标反映工业产品已实现销售的程度，是分析工业产销衔接情况，研究工业产品满足社会需求的指标。计算公式为：

$$\text{产品销售率（\%）}=\frac{\text{工业销售产值}}{\text{工业总产值（现价）}}\times100\%$$

九、贸　易

2016 年汉中市

社会消费品零售总额	369.17 亿元	比上年增长14.2%
商品零售	325.64 亿元	比上年增长13.8%
餐饮收入	43.53 亿元	比上年增长16.5%
限额以上批零住餐法人企业	300 个	
自营外贸进出口总额	70246 万元	比上年增长26.8%

9-1 各县区社会消费品零售总额

单位：万元

地区	2016年	2015年	2016年比2015年±%
汉中市	**3691688**	**3190013**	**14.2**
汉台区	1454853	1273379	14.3
南郑县	348278	304305	14.5
城固县	413078	361240	14.4
洋县	223779	174905	13.7
西乡县	221146	171520	14.4
勉县	357194	311823	14.6
宁强县	213193	187705	13.6
略阳县	203193	178908	13.6
镇巴县	187537	165005	13.7
留坝县	42326	37306	13.5
佛坪县	27112	23919	13.4

9–2 各县区按销售单位所在地和消费形态分的社会消费品零售总额（2016年）

单位：万元

地 区	社会消费品零售总额	一、按销售单位所在地分			二、按消费形态分	
		城 镇	城 区	乡 村	商品零售	餐饮收入
汉中市	**3691688**	**3012790**	**1247615**	**678898**	**3256387**	**435301**
汉台区	1454853	1366763	1247615	88090	1324024	130829
南郑县	348278	264094		84184	297471	50806
城固县	413078	319533		93545	367828	45249
洋 县	223779	169280		54500	190388	33391
西乡县	221146	168167		52979	192921	28225
勉 县	357194	273709		83485	316481	40713
宁强县	213193	145511		67682	180813	32380
略阳县	203193	133350		69844	175508	27685
镇巴县	187537	121804		65733	160538	26998
留坝县	42326	30889		11437	31379	10947
佛坪县	27112	19691		7421	19035	8077

9-3 限额以上批发和零售业法人企业商品购销存（2016年）

单位：万元

指标	法人企业数（个）	从业人员期末人数（人）	商品购进额	商品销售额	批发额	零售额	期末商品库存额
总计	300	16390	2464796.2	2963825.1	1224653.1	1739172.0	166572.8
一、批发业	52	3761	1143884.2	1359783.0	1119261.3	240521.7	49539.4
1．按批发行业小类分							
农、林、牧产品批发	10	226	38532.8	50867.8	50633.3	234.5	5739.1
谷物、豆及薯类批发	5	115	27913.7	36063.7	35911.5	152.2	4071.5
种子批发	3	62	8591.8	9063.8	8981.5	82.3	1168.7
林业产品批发	2	49	2027.3	5740.3	5740.3	0.0	498.9
食品、饮料及烟草制品批发	13	1335	405282.3	551490.1	498702.8	52787.3	17191.8
米、面制品及食用油批发	5	183	21070.8	21959.4	15313.4	6646.0	1955.6
果品、蔬菜批发	3	250	155073.8	159338.7	113197.4	46141.3	144.8
肉、禽、蛋、奶及水产品批发	1	34	10012.8	13162.6	13162.6	0.0	572.3
盐及调味品批发	1	39	4680.9	4658.9	4658.9	0.0	69.2
酒、饮料及茶叶批发	2	117	7039.8	6639.4	6639.4	0.0	1112.4
烟草制品批发	1	712	207404.2	345731.1	345731.1	0.0	13337.5
医药及医疗器材批发	6	413	69808.6	91584.6	88242.3	3342.3	7580.7
西药批发	5	403	68384.5	89445.4	86103.1	3342.3	7121.6
中药批发	1	10	1424.1	2139.2	2139.2	0.0	459.1
矿产品、建材及化工产品批发	21	1734	620373.1	654714.7	473785.5	180929.2	18804.5
煤炭及制品批发	1	67	40400.6	44057.9	39089.6	4968.3	2027.9
石油及制品批发	2	1327	397804.1	421087.1	248402.2	172684.9	11241.7
金属及金属矿批发	9	130	123266.3	125853.8	122577.8	3276.0	4129.3
建材批发	1	18	3346.1	3370.4	3370.4	0.0	24.3
化肥批发	2	55	28402.1	29656.9	29656.9	0.0	430.4
其他化工产品批发	6	137	27153.9	30688.6	30688.6	0.0	950.9
其他批发业	2	53	9887.4	11125.8	7897.4	3228.4	223.3
再生物资回收与批发	1	20	1669.8	2919.2	2919.2	0.0	203.3

9-3 续表 1

单位：万元

指　标	法　人 企业数 （个）	从业人员 期末人数 （人）	商　品 购进额	商　品 销售额	批发额	零售额	期末商品 库存额
其他未列明批发业	1	33	8217.6	8206.6	4978.2	3228.4	20.0
2．按登记注册类型分							
内资企业	52	3761	1143884.2	1359783.0	1119261.3	240521.7	49539.4
国有企业	6	963	240898.1	396610.9	393382.5	3228.4	16234.9
有限责任公司	32	2326	668422.5	724531.7	539358.5	185173.2	26887.0
国有独资公司	3	1352	399323.4	424830.8	252145.9	172684.9	11762.2
其他有限责任公司	29	974	269099.1	299700.9	287212.6	12488.3	15124.8
私营企业	14	472	234563.6	238640.4	186520.3	52120.1	6417.5
私营独资企业	1	29	11204.2	11223.2	6760.7	4462.5	611.8
私营有限责任公司	13	443	223359.4	227417.2	179759.6	47657.6	5805.7
3．按控股情况分							
国有控股	13	2387	664524.0	855263.4	679197.9	176065.5	31493.9
集体控股	1	19	12003.3	13270.5	13270.5	0.0	285.9
私人控股	37	1355	466818.9	490671.7	426215.5	64456.2	17734.6
其他	1	0	538.0	577.4	577.4	0.0	25.0
4．按经营形式分							
独立门店	49	3637	1127268.1	1340695.9	1103516.5	237179.4	48218.4
连锁总店	1	90	5130.0	6890.0	3547.7	3342.3	836.0
其他	2	34	11486.1	12197.1	12197.1	0.0	485.0
5．按单位规模分							
大型	3	2039	605208.3	766818.2	594133.3	172684.9	24579.2
中型	14	844	328331.9	360812.2	299136.1	61676.1	13406.8
小型	33	874	207936.7	229444.5	223283.8	6160.7	11415.9
微型	2	4	2407.3	2708.1	2708.1	0.0	137.5

9-3 续表 2

单位：万元

指标	法人企业数（个）	从业人员期末人数（人）	商品购进额	商品销售额	批发额	零售额	期末商品库存额
二、零售业	248	12629	1320912.0	1604042.1	105391.8	1498650.3	117033.4
1. 按零售行业小类分							
综合零售	70	5053	359447.5	451401.0	7174.2	444226.8	30204.6
百货零售	17	1449	94592.6	156261.2	3274.3	152986.9	6828.8
超级市场零售	41	3156	203735.5	229559.2	21.4	229537.8	18375.8
其他综合零售	12	448	61119.4	65580.6	3878.5	61702.1	5000.0
食品、饮料及烟草制品专门零售	35	952	93773.0	105292.7	2044.8	103247.9	6001.4
粮油零售	6	72	8057.1	8673.0	0.0	8673.0	928.9
果品、蔬菜零售	3	238	10248.7	10675.1	522.5	10152.6	267.5
肉、禽、蛋、奶及水产品零售	5	85	11631.0	13980.5	511.4	13469.1	611.2
酒、饮料及茶叶零售	16	462	39016.9	43968.1	1010.9	42957.2	3243.4
其他食品零售	5	95	24819.3	27996.0	0.0	27996.0	950.4
纺织、服装及日用品专门零售	2	57	2027.6	2474.4	0.0	2474.4	215.0
纺织品及针织品零售	1	28	1308.1	1444.4	0.0	1444.4	100.0
自行车零售	1	29	719.5	1030.0	0.0	1030.0	115.0
文化、体育用品及器材专门零售	9	217	28510.8	27226.3	0.0	27226.3	9333.5
图书、报刊零售	9	217	28510.8	27226.3	0.0	27226.3	9333.5
医药及医疗器材专门零售	17	1482	117543.1	126944.7	36685.6	90259.1	16263.3
药品零售	17	1482	117543.1	126944.7	36685.6	90259.1	16263.3
汽车、摩托车、燃料及零配件专门零售	72	2526	511763.1	609903.5	58254.8	551648.7	40119.2
汽车零售	40	2009	349755.8	438186.3	1200.0	436986.3	36188.1
汽车零配件零售	2	99	22866.6	22735.4	0.0	22735.4	635.3
摩托车及零配件零售	7	88	17728.7	18131.4	920.4	17211.0	1935.3
机动车燃料零售	23	330	121412.0	130850.4	56134.4	74716.0	1360.5
家用电器及电子产品专门零售	22	1284	140005.3	198074.3	0.0	198074.3	10812.4
家用视听设备零售	12	589	72922.9	109015.8	0.0	109015.8	7339.2
日用家电设备零售	6	480	50373.2	66931.5	0.0	66931.5	2772.9
计算机、软件及辅助设备零售	3	183	13388.7	18615.0	0.0	18615.0	508.2

9-3 续表 3

单位：万元

指 标	法人企业数（个）	从业人员期末人数（人）	商品购进额	商品销售额	批发额	零售额	期末商品库存额
通信设备零售	1	32	3320.5	3512.0	0.0	3512.0	192.1
五金、家具及室内装饰材料专门零售	11	817	53362.6	63003.7	475.3	62528.4	2322.8
家具零售	8	756	39771.8	46581.6	475.3	46106.3	2113.0
木质装饰材料零售	1	25	1239.0	1244.6	0.0	1244.6	79.8
其他室内装饰材料零售	2	36	12351.8	15177.5	0.0	15177.5	130.0
货摊、无店铺及其他零售业	10	241	14479.0	19721.5	757.1	18964.4	1761.2
互联网零售	3	65	1745.5	2280.3	602.1	1678.2	993.6
生活用燃料零售	4	98	5281.3	7351.5	0.0	7351.5	425.1
其他未列明零售业	3	78	7452.2	10089.7	155.0	9934.7	342.5
2．按登记注册类型分							
内资企业	247	12520	1305741.6	1588934.2	105391.8	1483542.4	115393.6
国有企业	3	391	69492.4	71700.5	12848.6	58851.9	6451.3
集体企业	15	415	100494.9	103009.2	5274.2	97735.0	4919.8
有限责任公司	110	6209	663949.2	810594.4	48261.8	762332.6	57814.4
国有独资公司	6	150	22622.0	20736.8	0.0	20736.8	7302.8
其他有限责任公司	104	6059	641327.2	789857.6	48261.8	741595.8	50511.6
私营企业	116	5421	460619.8	590828.7	39007.2	551821.5	46187.5
私营独资企业	23	405	38249.3	39816.3	5573.9	34242.4	4454.6
私营合伙企业	2	39	5975.3	6375.2	0.0	6375.2	122.1
私营有限责任公司	88	4851	390271.4	517279.5	13529.7	503749.8	38557.7
私营股份有限公司	3	126	26123.8	27357.7	19903.6	7454.1	3053.1
其他企业	3	84	11185.3	12801.4	0.0	12801.4	20.6
港、澳、台商投资企业	1	109	15170.4	15107.9	0.0	15107.9	1639.8
其他港澳台投资企业	1	109	15170.4	15107.9	0.0	15107.9	1639.8
3．按控股情况分							
国有控股	20	1349	248370.6	276658.4	52571.1	224087.3	23852.8

9-3 续表 4

单位：万元

指　标	法　人企业数（个）	从业人员期末人数（人）	商　品购进额	商　品销售额	批发额	零售额	期末商品库存额
集体控股	18	903	128272.1	156187.9	6243.0	149944.9	9562.9
私人控股	198	8978	851032.3	1046466.8	46577.7	999889.1	78933.3
外商控股	1	109	15170.4	15107.9	0.0	15107.9	1639.8
其他	11	1290	78066.6	109621.1	0.0	109621.1	3044.6
4．按经营形式分							
独立门店	221	10234	1075810.2	1325992.9	61726.4	1264266.5	96949.7
连锁总店	8	1358	88602.7	107632.6	0.0	107632.6	10986.6
连锁门店	5	541	23434.4	34837.0	522.5	34314.5	2814.4
其他	14	496	133064.7	135579.6	43142.9	92436.7	6282.7
5．按单位规模分							
大型	1	338	43940.3	60586.7	0.0	60586.7	1131.8
中型	76	8401	678531.2	848682.1	38303.8	810378.3	72257.0
小型	145	3706	564113.0	657037.6	62064.3	594973.3	41328.0
微型	26	184	34327.5	37735.7	5023.7	32712.0	2316.6
6．按零售业态分							
有店铺零售	245	12564	1319166.5	1601761.8	104789.7	1496972.1	116039.8
便利店	1	14	1054.7	1045.0	0.0	1045.0	121.8
超市	43	2430	115192.0	121638.2	1421.7	120216.5	11835.4
大型超市	8	1218	101738.4	120857.0	0.0	120857.0	9311.4
仓储会员店	1	10	2601.5	2513.8	0.0	2513.8	343.5
百货店	26	1918	194708.4	279280.5	7523.2	271757.3	10882.2
专业店	120	5182	706650.1	843408.4	91853.9	751554.5	67005.4
专卖店	38	1050	169086.6	198006.6	3004.2	195002.4	14875.4
家居建材商店	5	541	22096.8	27289.3	0.0	27289.3	639.9
厂家直销中心	3	201	6038.0	7723.0	986.7	6736.3	1024.8
无店铺零售	3	65	1745.5	2280.3	602.1	1678.2	993.6
网上商店	3	65	1745.5	2280.3	602.1	1678.2	993.6

9-3 续表 5

单位：万元

指 标	法 人 企业数 （个）	从业人员 期末人数 （ 人 ）	商 品 购进额	商 品 销售额	批发额	零售额	期末商品 库 存 额
三、批发业按地区分组	52	3761	1143884.2	1359783.0	1119261.3	240521.7	49539.4
汉中市	52	3761	1143884.2	1359783.0	1119261.3	240521.7	49539.4
汉台区	18	2632	924886.2	1113751.0	896559.0	217192.0	35947.8
南郑县	1	38	4793.2	4975.4	4975.4	0.0	420.2
城固县	8	231	40344.7	46789.1	43212.3	3576.8	6047.2
洋县	6	379	48175.5	53692.7	48481.5	5211.2	469.3
西乡县	3	71	22075.8	22262.4	13438.5	8823.9	686.8
勉县	5	194	64544.2	69931.0	64213.2	5717.8	3431.1
宁强县	7	152	13801.9	21470.3	21470.3	0.0	1634.7
略阳县	2	34	22894.2	24022.6	24022.6	0.0	799.5
镇巴县	1	0	538.0	577.4	577.4	0.0	25.0
留坝县	1	30	1830.5	2311.1	2311.1	0.0	77.8
四、零售业按地区分组	248	12629	1320912.0	1604042.1	105391.8	1498650.3	117033.4
汉中市	248	12629	1320912.0	1604042.1	105391.8	1498650.3	117033.4
汉台区	70	6026	666844.3	900975.3	14048.6	886926.7	68455.9
南郑县	23	1034	82902.5	96115.8	3942.9	92172.9	5084.7
城固县	23	805	62310.0	70738.7	1859.6	68879.1	5458.5
洋县	25	845	62479.9	63415.4	602.1	62813.3	10245.9
西乡县	25	1025	194049.7	196712.0	68487.9	128224.1	9307.2
勉县	18	847	89435.4	93597.5	5055.9	88541.6	4730.5
宁强县	23	477	30567.2	35989.0	6844.8	29144.2	2566.1
略阳县	14	370	46879.8	54563.9	0.0	54563.9	3485.5
镇巴县	20	1068	75123.9	82328.9	3149.7	79179.2	4991.3
留坝县	3	83	6139.5	4987.3	1400.3	3587.0	1896.4
佛坪县	4	49	4179.8	4618.3	0.0	4618.3	811.4

9-4 限额以上住宿和餐饮业法人企业经营情况（2016年）

单位：万元

指 标	法人企业数（个）	年末从业人员数（人）	营业额	客房收入	餐费收入	商品销售额	其他收入
总 计	**123**	**6875**	**93248.9**	**25604.2**	**61897.9**	**4055.1**	**1691.7**
一、住宿业	63	4581	59058.2	23412.0	31902.1	2339.3	1404.8
1．按住宿业行业小类分							
旅游饭店	30	2525	35215.5	11822.5	21338.4	1159.2	895.4
一般旅馆	26	1794	20281.7	10110.7	8578.7	1082.9	509.4
其他住宿业	7	262	3561.0	1478.8	1985.0	97.2	0.0
2．按登记注册类型分							
内资企业	63	4581	59058.2	23412.0	31902.1	2339.3	1404.8
国有企业	5	441	4941.4	1727.1	3112.7	11.1	90.5
有限责任公司	17	1668	19409.5	7962.3	9841.2	827.6	778.4
国有独资公司	1	213	1675.2	768.6	687.3	0.0	219.3
其他有限责任公司	16	1455	17734.3	7193.7	9153.9	827.6	559.1
股份有限公司	1	91	2794.2	592.0	2202.2	0.0	0.0
私营企业	40	2381	31913.1	13130.6	16746.0	1500.6	535.9
私营独资企业	8	294	3184.2	2032.4	1072.4	63.6	15.8
私营合伙企业	2	146	1656.1	568.9	893.6	123.6	70.0
私营有限责任公司	27	1679	22552.1	9290.0	11498.6	1313.4	450.1
私营股份有限公司	3	262	4520.7	1239.3	3281.4	0.0	0.0
3．按控股情况分							
国有控股	7	774	7968.6	2543.9	5016.5	94.1	314.1
私人控股	52	3352	44951.5	18768.4	23288.1	2116.2	778.8
其他	4	455	6138.1	2099.7	3597.5	129.0	311.9
4．按经营形式分							
独立门店	59	4105	54805.1	21640.4	29688.1	2339.3	1137.3
其他	4	476	4253.1	1771.6	2214.0	0.0	267.5
5．按单位规模分							
中型	3	413	8342.1	2865.1	4636.2	840.8	0.0
小型	60	4168	50716.1	20546.9	27265.9	1498.5	1404.8

9-4 续表 1

单位：万元

指 标	法 人企业数（个）	年末从业人员数（人）	营业额	客房收入	餐费收入	商 品销售额	其他收入
6．按星级分							
四星	5	670	8868.8	3594.5	4148.9	850.6	274.8
三星	7	645	11227.9	2775.6	7766.9	270.8	414.6
二星	11	824	9425.0	3138.3	5987.5	193.3	105.9
其他	40	2442	29536.5	13903.6	13998.8	1024.6	609.5
二、餐饮业	60	2294	34190.7	2192.2	29995.8	1715.8	286.9
1．按餐饮业行业小类分							
正餐服务	57	2181	33029.9	2192.2	28859.4	1691.4	286.9
快餐服务	1	15	372.9	0.0	348.5	24.4	0.0
其他餐饮业	2	98	787.9	0.0	787.9	0.0	0.0
小吃服务	1	50	379.4	0.0	379.4	0.0	0.0
其他未列明餐饮业	1	48	408.5	0.0	408.5	0.0	0.0
2．按登记注册类型分							
内资企业	60	2294	34190.7	2192.2	29995.8	1715.8	286.9
国有企业	1	70	433.8	79.2	346.4	8.2	0.0
有限责任公司	15	777	10178.5	983.2	8428.1	483.9	283.3
其他有限责任公司	15	777	10178.5	983.2	8428.1	483.9	283.3
股份有限公司	1	30	420.0	0.0	420.0	0.0	0.0
私营企业	43	1417	23158.4	1129.8	20801.3	1223.7	3.6
私营独资企业	12	355	6626.9	866.3	5357.2	403.4	0.0
私营合伙企业	2	41	665.7	0.0	638.9	26.8	0.0
私营有限责任公司	29	1021	15865.8	263.5	14805.2	793.5	3.6
3．按控股情况分							
国有控股	1	70	433.8	79.2	346.4	8.2	0.0
私人控股	59	2224	33756.9	2113.0	29649.4	1707.6	286.9
4．按经营形式分							
独立门店	55	2086	30964.5	1753.4	27642.9	1281.3	286.9
连锁总店	1	89	1473.7	405.4	1068.3	0.0	0.0
其他	4	119	1752.5	33.4	1284.6	434.5	0.0

9-4 续表 2

单位：万元

指标	法人企业数（个）	年末从业人员数（人）	营业额	客房收入	餐费收入	商品销售额	其他收入
5. 按单位规模分							
小型	57	2270	32795.4	2192.2	28600.5	1715.8	286.9
微型	3	24	1395.3	0.0	1395.3	0.0	0.0
三、住宿业按地区分组	63	4581	59058.2	23412.0	31902.1	2339.3	1404.8
汉中市	63	4581	59058.2	23412.0	31902.1	2339.3	1404.8
汉台区	14	1873	20927.6	8811.6	10889.1	210.3	1016.6
南郑县	3	271	1430.6	510.6	800.3	36.4	83.3
城固县	2	79	1076.4	413.8	662.1	0.5	0.0
洋县	10	388	4321.7	2437.8	1824.7	59.2	0.0
西乡县	6	406	9697.8	2695.4	6776.9	221.5	4.0
勉县	7	508	5345.9	1339.1	3448.7	380.9	177.2
宁强县	7	326	4842.9	2117.7	2629.6	95.6	0.0
略阳县	5	390	5001.3	2164.0	1761.9	951.7	123.7
镇巴县	4	181	4842.5	1491.9	2967.4	383.2	0.0
留坝县	4	145	1356.0	1244.8	111.2	0.0	0.0
佛坪县	1	14	215.5	185.3	30.2	0.0	0.0
四、餐饮业按地区分组	60	2294	34190.7	2192.2	29995.8	1715.8	286.9
汉中市	60	2294	34190.7	2192.2	29995.8	1715.8	286.9
汉台区	11	728	11024.0	235.3	10344.0	165.0	279.7
南郑县	4	159	1752.8	139.0	1179.3	434.5	0.0
城固县	13	424	6005.0	148.5	5802.7	51.7	2.1
洋县	7	216	2730.4	0.0	2722.6	7.8	0.0
西乡县	5	247	4346.3	458.1	3667.8	218.9	1.5
勉县	3	144	881.3	97.8	774.0	9.5	0.0
宁强县	3	61	1181.1	140.8	793.8	246.5	0.0
略阳县	5	114	2017.2	0.0	1863.9	153.3	0.0
镇巴县	1	11	792.5	0.0	792.5	0.0	0.0
留坝县	3	83	1281.3	396.9	799.9	84.5	0.0
佛坪县	5	107	2178.8	575.8	1255.3	344.1	3.6

9-5 对外经济贸易（2016年）

	单 位	2016 年	比上年增长（%）
新批项目	个	4	-
新批合同外资额	万美元	32859.14	-
实际利用外资总额	万美元	2013.36	-
自营外贸进出口总额	万元	70246	26.8
其中 ：出口	万元	47960	10.6

主要统计指标解释

社会消费品零售总额 指企业（单位、个体户）通过交易直接售给个人、社会集团非生产、非经营用的实物商品金额，以及提供餐饮服务所取得的收入金额。个人包括城乡居民和入境人员，社会集团包括机关、社会团体、部队、学校、企事业单位、居委会或村委会等。

批发业 指向其他批发或零售单位（含个体经营者）及其他企事业单位、机关团体等批量销售生活用品、生产资料的活动，以及从事进出口贸易和贸易经纪与代理的活动，包括拥有货物所有权，并以本单位（公司）的名义进行交易活动，也包括不拥有货物的所有权，收取佣金的商品代理、商品代售活动；还包括各类商品批发市场中固定摊位的批发活动，以及以销售为目的的收购活动。

零售业 指百货商店、超级市场、专门零售商店、品牌专卖店、售货摊等主要面向最终消费者（如居民等）的销售活动，以互联网、邮政、电话、售货机等方式的销售活动，还包括在同一地点，后面加工生产，前面销售的店铺（如面包房）；谷物、种子、饲料、牲畜、（矿产品、生产用原料、化工原料、农用化工产品、机械设备（乘用车、计算机及通信设备除外）等生产资料的销售不作为零售活动；多数零售商对其销售的货物拥有所有权，但有些则是充当委托人的代理人，进行委托销售或以收取佣金的方式进行销售。

商品购进额 指从本企业以外的单位和个人购进（包括从国外直接进口）作为转卖或加工后转卖的商品金额（含增值税）。本指标反映批发和零售业从国内外市场上购进商品的总价。

商品购进包括：（1）从工农业生产者、批发和零售业企业、住宿和餐饮业企业、出版社或报社的出版发行部门和其他服务业企业购进的商品；（2）从机关团体、事业单位购进的商品；（3）从海关、市场管理部门购进的缉私和没收的商品；（4）从居民收购的废旧商品等。

不包括：（1）企业为本单位自身经营用，不是作为转卖而购进的商品，如材料物资、包装物、低值易耗品、办公用品等；（2）未通过买卖行为而收入的商品，如接受其他部门移交的商品、借入的商品、收入代其他单位保管的商品、其他单位赠送的样品、加工回收的成品等；（3）经本单位介绍，由买卖双方直接结算，本单位只收取手续费的业务；（4）销售退回和买方拒付货款的商品；（5）商品溢余。

商品销售额 指对本单位以外的单位和个人出售的商品金额（包括售给本单位消费用的商品，含增值税）。商品销售包括：售给城乡居民和社会集团消费用的商品；售给农业、工业、建筑业、服务业等国民经济各行业用于生产、经营用的商品，包括售予批发和零售业作为转卖或加工后转卖的商品；对国（境）外直接出口的商品。不包括：未通过买卖行为付出的商品，如随机构变动移交给其他企业单位的商品、借出的商品、归还受其他单位委托代保管的商品、付出的加工原料和赠送给其他单位的样品等；经本单位介绍，由买卖双方直接结算，本单位只收取手续费的业务；购货退回的商品；商品损耗和损失；出售本单位自用的废旧物资。

在住宿和餐饮业中，本指标反映住宿和餐饮业单位出售商品的销售总额（含增值税），不包括法人企业附营的其他行业产业活动单位的商品销售额。

批发额 指售给国民经济各行业用于生产、经营用的商品金额。

商品批发包括：（1）售给农业、工业、建筑业等行业用于生产的各种机器设备、工具、原料、材料、燃料、建筑材料，售给农民的农业生产资料，售给交通运输、仓储和邮政业用于业务活动的设备、车辆和燃料等；（2）售给信息传输、软件和信息技术服务，科学研究和技术服务业，水利、环境和公共设施管理业等行业用于生产经营、勘察设计、科研试验等业务经营使用的商品，售给批发和零售业、住宿和餐饮业使用的各种设备、工具、原材料、燃料、仓储运输用的商品；（3）售给居民服务、修理和其他服务业各种营业用品，如售给理发业的理发工具、毛巾等，日用品修理业的设备、工具、材料、零配件等，售给民政部门救灾用的商品等；（4）售给批发和零售业作为转卖用的商品；售给餐饮业用于烹饪、调制加工后出售的商品和转卖的商品；售给服务业转卖的商品；（5）出口的商品。

零售额　指售给城乡居民用于生活消费和社会集团用于公共消费的商品金额。

商品零售包括：（1）售给城乡居民的各种生活消费品，售给入境旅游的外国人、华侨、港澳台同胞的各类商品；（2）售给行政事业单位、社会团体、军队和武警等机构的商品，以及以零售方式售给各类企业的商品。具体包括：用于非生产和社会交往的办公用品，如通讯设备、计算器具和设备、电讯网络设备、文印设备、音像视听器材和设备、纸张、本册、文具及装订文印材料、家具、日用电器、针纺织品、清洁卫生用品、文体用品、奖品、纪念品、礼品等；供内部人员乘坐的交通工具和燃料；用于办公设施修缮的各类配件、材料、工具等；用于取暖和防暑降温的设备、燃料、材料及食品等；专用于教学的用品和设备；非营利医疗机构的中、西药品、中药材和医疗设备器材；非专用的劳动保护用品；不对外营业的内部食堂用的餐具、炊具、设备、清洁卫生工具和食品、燃料等；军队、武警用于其人员生活的衣着品和个人用品；其他各类非生产性设备和用品。

商品零售不包括：（1）售给城乡居民已确知是用于生产、经营的商品；（2）售给各类农业生产者的生产资料类商品，如农机、农药化肥、农膜、种子饲料等商品；（3）售给企业单位生产用具及生产上专用的劳动保护用品。

商品库存额　对于批发和零售业法人单位和个体经营户，是指报告期末取得所有权的全部商品金额（含增值税）；对于批发和零售业产业活动单位，是指报告期末实际在库且归属法人具有所有权的全部商品金额（含增值税）。库存商品包括：（1）存放在本单位（如门市部、批发站、采购站、经营处）的仓库、货场、货柜和货架中的商品；（2）挑选、整理、包装中的商品；（3）已记入购进而尚未运到本单位的商品，即发货单或银行承兑凭证已到而货未到的商品；（4）寄放他处的商品，如因购货方拒绝付款而暂时存在购货方的商品；（5）委托其他单位代销（未作销售或调出）尚未售出的商品；（6）代其他单位购进尚未交付的商品。不包括：所有权不属于本单位的商品；委托外单位加工的商品；外贸企业代理其他单位从国外进口，尚未付给订货单位的商品；代国家储备部门保管的商品。

住宿业　指为旅行者提供短期留宿场所的活动，有些单位只提供住宿，也有些单位提供住宿、饮食、商务、娱乐一体的服务，不包括主要按月或按年长期出租房屋住所的活动。

餐饮业　指通过即时制作加工、商业销售和服务性劳动等，向消费者提供食品和消费场所及设施的服务。

营业额　指住宿和餐饮业单位在经营活动中因提供服务或销售商品等取得的全部收入（含增值税），收入主要来源于提供客房、餐费服务、商品销售和其他服务，如商务服务。不包括多产业法人企业附营的其他行业产业活动单位的餐费收入、商品销售收入等各项收入。

客房收入　指住宿和餐饮业单位在经营活动中因提供住宿服务取得的收入（含增值税）。不包括多产业法人企业附营的其他行业产业活动单位的客房收入。

餐费收入 指本单位为顾客提供就餐服务取得的收入（含增值税）。包括：经烹饪、调制加工后出售的各种食品，如主食、炒菜、凉拌菜等的收入。不包括多产业法人企业附营的其他行业产业活动单位的餐费收入。

其他收入 指提供客房、餐饮服务、商品销售以外的其他服务获得的收入（含增值税），如商品服务、健身娱乐等。

进出口总额 指实际进出我国国境的货物总金额。包括对外贸易实际进出口货物，来料加工装配进出口货物，国家间、联合国及国际组织无偿援助物资和赠送品，华侨、港澳台同胞和外籍华人捐赠品，租赁期满归承租人所有的租赁货物，进料加工进出口货物，边境地方贸易及边境地区小额贸易进出口货物（边民互市贸易除外），中外合资企业、中外合作经营企业、外商独资经营企业进出口货物和公用物品，到、离岸价格在规定限额以上的进出口货样和广告品（无商业价值、无使用价值和免费提供出口的除外），从保税仓库提取在中国境内销售的进口货物，以及其他进出口货物。该指标可以观察一个国家在对外贸易方面的总规模。我国规定出口货物按离岸价格统计，进口货物按到岸价格统计。

利用外资 利用外资 指报告期收到的境外（包括外国及港澳台地区）资金（包括设备、材料、技术在内）。包括对外借款（外国政府贷款、国际金融组织贷款、出口信贷、外国银行商业贷款、对外发行债券和股票）、外商直接投资、外商其他投资（包括利用外商投资收益在国内进行固定资产再投资活动的资金）。不包括我国自有外汇资金（国家外汇、地方外汇、留成外汇、调济外汇和国内银行自有资金发放的外汇贷款等）。各类外资按报告期末的外汇牌价（中间价）折成人民币计算。

十、运输、邮电和服务业

2016 年汉中市

民用车辆拥有量	570252辆	
客运量	2303万人次	比上年下降0.2%
货运量	3835万吨	比上年增长5.2%
邮电业务总量	73.9亿元	比上年增长57.3%
规模以上服务业营业收入	52.26亿元	比上年增长7.3%

10-1 民用车辆（2016年）

单位：辆

指 标	总 计	个 人
合 计	570252	547549
一、汽车	231104	209485
1．载客汽车	198394	182014
其中：大型	1611	7
中型	1107	96
小型	193758	180107
微型	1918	1804
其中：轿车	117052	109139
2．载货汽车	22164	17789
其中：重型	4707	2759
中型	933	686
轻型	16485	14310
微型	39	34
3．其他汽车	10546	9682
其中：三轮汽车	3625	3610
低速货车	5906	5757
二、摩托车	327943	327635
1．普通	319083	318782
2．轻便	8860	8853
三、拖拉机	9687	9687
四、挂车	1518	742

补充资料：机动车驾驶员618412人，其中：汽车驾驶员470090人。
注：数据来源于汉中市车管所。

10-2 公路客货运输量（2016年）

指 标	单 位	2016年	比上年增长（%）
客运量	万人次	2303	-0.2
旅客周转量	万人公里	232919	-0.2
货运量	万吨	3835	5.2
货物周转量	万吨公里	611495	5.4

注：数据来源于汉中市道路运输管理处。

10-3 邮电业务（2016年）

指 标	单 位	2016年	比上年增长（%）
一、邮电业务总量	亿元	73.9	57.3
二、固定电话用户	万户	47.16	-5.4
三、移动电话	万户	346.68	22.3
四、年末宽带接入用户	万户	49.34	41.4

注：数据来源于汉中市邮政局、汉中市邮政管理局、汉中市电信公司、汉中市移动公司、汉中市联通公司。

10－4　规模以上服务业企业主要经济指标（2016年）

指　标	单位数（个）	年初存货	流动资产合计	其中：应收账款	其中：存货	固定资产原价	累计折旧
总　计	**131**	**53148**	**294694**	**36803**	**44466**	**815327**	**383117**
道路运输业	20	1456	48195	1534	1213	97335	53384
航空运输业	1		1378	137		29180	6044
装卸搬运和运输代理业	3	21	2565	2042	21	1539	1213
仓储业	2	41367	32200		30535	8014	3533
邮政业	2	499	25057	4246	1049	33984	18637
电信、广播电视和卫星传输服务	3	1201	14268	5888	884	510072	264386
互联网和相关服务	1		905		150	1225	175
物业管理	13	418	5899	947	100	4039	2226
商务服务业	17	4881	108077	10951	7591	9230	4937
专业技术服务业	12	466	10968	2613	233	2965	2017
公共设施管理业	8	703	15384	3992	785	49295	6870
居民服务业	1	28	1100	1100		310	54
机动车、电子产品和日用产品修理业	4	858	2610	366	796	2117	333
其他服务业	3	49	872	464	42	387	89
教育	7	163	10407	271	163	28559	11238
卫生	17	870	5194	1452	715	9418	2141
社会工作	2	21	414		21	284	53
新闻和出版业	1	21	860	375	26	1346	366
广播、电视、电影和影视录音制作业	5	45	1703	119	57	2379	913
文化艺术业	4	23	4481	46	27	15216	3574
娱乐业	5	56	2159	261	59	8434	932

单位：万元

本年折旧	资产总计	应付账款	负债合计	所有者权益合计	营业收入	其中：主营业务收入	营业成本	其中：主营业务成本	营业税金及附加
59656	**948835**	**95490**	**459393**	**489442**	**522620**	**504914**	**390964**	**363916**	**5803**
4706	113441	9367	68693	44749	94215	87603	69492	69432	2770
1814	26138	1	1015	25123	1407	1407	3030	3030	11
59	3290	102	2835	454	5623	5623	4837	4833	63
313	38347		33097	5250	14131	14010	24063	23942	2
1582	42741	2243	7469	35272	52358	51306	32491	32379	284
44064	332569	58493	144657	187912	211623	206008	162207	140095	554
100	1955		0	1955	2531	2531	2010	2010	0
50	10475	729	7695	2780	15198	14961	11610	11164	550
411	174648	7747	65126	109523	44147	42354	28760	26959	531
67	14671	125	7343	7328	15305	15290	9635	9635	284
1553	102217	7487	75248	26969	11615	11597	8603	8598	157
54	1183		266	917	801	702	500	500	
39	5181	88	2358	2824	6749	6749	5524	5524	64
53	1250	−8	911	340	1966	1934	1554	1519	60
2047	31570	6440	25020	6549	17756	16010	10390	9329	135
634	14242	1113	5034	9208	12667	12628	8973	8720	35
12	664		254	411	815	815	386	386	
79	3126	760	1632	1494	1893	1893	1656	1531	28
302	4389	206	1403	2986	7356	7029	2506	1649	163
1266	16402	85	5254	11148	2904	2904	1529	1529	51
452	10335	512	4085	6251	1561	1561	1209	1156	61

10-4 续表 1

指 标	其中：主营业务税金及附加	销售费用	管理费用	其中：税金	财务费用	其中：利息收入	其中：利息支出
总 计	**5566**	**40705**	**53056**	**1500**	**4781**	**429**	**3856**
道路运输业	2768	2299	14388	417	96	141	101
航空运输业	11		771	35	−31	39	
装卸搬运和运输代理业	63	55	642	8	1	0	
仓储业		679	1157	6	904	135	1035
邮政业	284	539	4200	141	−76		−207
电信、广播电视和卫星传输服务	446	29369	11297	538	102	1	79
互联网和相关服务	0	125	156				
物业管理	548	1008	1995	132	792	5	86
商务服务业	448	996	5210	103	151	21	170
专业技术服务业	284	326	3019	24	27	27	37
公共设施管理业	142	1605	1873	58	1466	5	1186
居民服务业		70	34		24	1	18
机动车、电子产品和日用产品修理业	64	311	505	10	203	1	206
其他服务业	59	59	237		13	1	10
教育	128	2	4564	3	1022	33	1053
卫生	35	1272	1774	2	20	0	17
社会工作		139	20		38	0	38
新闻和出版业	28		101	1	−4	4	
广播、电视、电影和影视录音制作业	163	619	544	2	2	1	
文化艺术业	51	893	431	0	17	9	27
娱乐业	45	338	139	21	14	6	

单位：万元

投资收益	营业利润	营业外收入	其中：补贴收入	营业外支出	利润总额	应交所得税	应付职工薪酬（本年贷方累计发生额）	应交增值税	从事服务业活动的从业人员平均人数（人）
3625	**36707**	**16578**	**14251**	**2745**	**50541**	**3643**	**107477**	**17542**	**19225**
3064	8903	783	397	223	9464	1720	21999	1875	5368
	−2378	682	682	100	−1795		1468		105
	34	1		4	31	11	1999	475	285
	−12713	12526	12524	13	−200		798	8	146
	14910	36		101	14844	600	17073	181	1260
	22270	1305		1852	21723	19	26511	12076	2706
	240				240	0	50	0	20
	108	47	11	11	144	41	6238	158	1130
205	2145	303	52	69	2379	422	9427	964	2564
14	1148	92	12	11	1229	204	4916	517	921
	−3353	399	380	26	−2980	140	1899	178	644
	150	9		47	112		20		29
	171	18		1	187	46	721	46	214
	46	23		16	54	13	1355	53	667
	2069	19	9	110	1978	256	5578	84	903
342	757	27		147	637	42	3588		1202
	232				232		238		87
	237			4	233		454	89	88
	1798	137	133		1936	100	958	437	266
0	−209	172	51	2	−39	5	1672	387	385
	143	0		9	134	22	518	15	235

10-5 分行业规模以上服务业企业营业收入（2016年）

指　标	单位数（个）	营业收入（万元）	比上年增长（%）
总　计	**131**	**522620**	**7.3**
道路运输业	20	94215	1.8
航空运输业	1	1407	18.3
装卸搬运和运输代理业	3	5623	22.1
仓储业	2	14131	20.9
邮政业	2	52358	18.0
电信、广播电视和卫星传输服务	3	211623	4.1
互联网和相关服务	1	2531	36.0
物业管理	13	15198	16.6
商务服务业	17	44147	−0.2
专业技术服务业	12	15305	8.6
公共设施管理业	8	11615	29.3
居民服务业	1	801	13.7
机动车、电子产品和日用产品修理业	4	6749	72.3
其他服务业	3	1966	18.2
教育	7	17756	20.1
卫生	17	12667	−19.9
社会工作	2	815	299.0
新闻和出版业	1	1893	−15.1
广播、电视、电影和影视录音制作业	5	7356	61.6
文化艺术业	4	2904	53.0
娱乐业	5	1561	11.4

10-6　各县区规模以上服务业营业收入（2016年）

地　区	单位数（个）	营业收入（万元）	比上年增长（%）
汉中市	**131**	**522620**	**7.3**
汉台区	52	427110	9.3
南郑县	14	28071	-17.8
城固县	13	27856	9.1
洋　县	6	7912	-30.6
西乡县	9	4736	46.0
勉　县	8	3397	6.8
宁强县	9	9840	53.0
略阳县	6	5077	26.9
镇巴县	3	2560	-28.0
留坝县	7	2903	21.1
佛坪县	4	3158	40.5

主要统计指标解释

公路货运量 指一定时期内由各种公路运输工具实际运送到目的地并卸完的货物数量。反映公路货运量的指标有发送货物吨数、到达货物吨数和运送货物吨数。

公路货物周转量 指一定时期内由各种公路运输工具实际完成的货物运量与相应的运送距离的乘积之总和，计算公式为：

货物周转量（吨公里）＝一定时期实际运送货物吨数×货物平均运距

公路客运量 指公路运输企业及由其组织的其他单位在一定时期内实际运送的旅客人数。公路客运量的计算方法：不论乘程远近和票价的多少，以客票为依据，“人”为计量单位；不足购票年龄的免票儿童不计算客运量。

旅客周转量 指一定时期内由各种公路运输工具实际运送的旅客人数与相应的运送距离的乘积之和。计算公式为：

旅客周转量（人公里）＝一定时期运送旅客数量×平均运距

邮政业务总量 指以货币形式表现的邮政企业为社会提供各类邮政通信服务或其他服务的总数量。计算方法为各类邮政通信服务业务的实物量分别乘以相应的不变单价，求出各类业务的货币量后加总求得。该指标反映了一定时期邮政通信业务发展的总成果，是观察邮政通信业务发展变化总趋势的综合性指标。

电信业务总量 指以货币形式表现的电信企业为社会提供各类电信服务的总数量。计算方法为各类电信业务的实物量分别乘以相应的不变单价，求出各类电信业务的货币量后加总求得。该指标反映了一定时期电信通信业务发展的总成果，是观察电信通信业务发展变化总趋势的综合性指标。

邮电业务总量 邮政业务总量与电信业务总量之和。

规模以上服务业调查单位及对象 即所有从事服务业活动的法人单位，涉及调查的服务业行业范围为：交通运输、仓储和邮政业，信息传输、软件和信息技术服务业，租赁和商务服务业，科学研究和技术服务业，水利、环境和公共设施管理业，居民服务、修理和其他服务业，教育，卫生和社会工作，文化、体育和娱乐业，公共管理、社会保障和社会组织。

规模以上服务业营业收入 指企业经营过程中取得的全部收入。包括“主营业务收入”和“其他业务收入”总和。根据会计“利润表”中“营业收入”项目的本期金额数填报。

十一、科技、教育、文体和卫生

2016 年汉中市	
普通小学在校学生数	197437人
普通中学在校学生数	100120人
普通高中在校学生数	80888人
卫生机构数	3698个
卫生技术人员	21882人

11-1 规上工业企业研究和试验发展综合

指　标	计量单位	2016 年	2015 年	2016 年比 2015 年 ± %
一、企业基本情况	–	–	–	–
企业数	个	472	436	8.3
其中：有 R&D 活动企业数	个	53	46	15.2
其中：有研发机构企业数	个	34	33	3.0
其中：有专利申请的企业数	个	32	34	−5.9
其中：有新产品销售的企业数	个	45	47	−4.3
其中：享受研究开发费用加计扣除的企业数	个	7	11	−36.4
从业人员期末人数	人	95970	98301	−2.4
从业人员平均人数	人	96308	99007	−2.7
从业人员工资总额	万元	434083		
资产总计	万元	10030030	9426256	964.1
营业收入	万元	10800267	10466390	3.2
其中：主营业务收入	万元	10688861	10416882	2.6
利润总额	万元	444647	304397	46.1
工业总产值	万元	10482559	9620804	9.0
出口交货值	万元	152534	134372	13.5
平均用工人员	人	99748	101280	−1.5
管理费用中的技术（研究）开发费	万元	3797	3196	18.8
其中：支付科研人员的工资及福利费	万元	580		
二、 R&D 人员情况	–	–	–	–
1.R&D 人员合计	人	4040	3251	24.3
其中：①参加项目人员	人	3764	2695	39.7
②管理和服务人员	人	276	556	−50.4
其中：女性	人	1257	974	29.1
其中：研究人员	人	1559	1298	20.1
其中：①全时人员	人	3006	1878	60.1
②非全时人员	人	1034	1373	−24.7
2.R&D 人员折合全时当量合计	人年	2402	2297	4.6
其中：研究人员	人年	952	963	−1.1
其中：①基础研究人员	人年			

11-1 续表 1

指 标	计量单位	2016 年	2015 年	2016 年比 2015 年 ± %
②应用研究人员	人年	3	1	200.0
③试验发展人员	人年	2399	2296	4.5
三、 R&D 经费支出情况	–	–	–	–
1.R&D 经费内部支出合计	万元	105305	102672	2.6
其中：①经常费支出	万元	99654	97978	1.7
其中：人员劳务费	万元	27066	22539	20.1
②资产性支出	万元	5651	4695	20.4
其中：土建工程	万元	32	173	−81.3
仪器和设备	万元	5618	4522	24.3
其中：①基础研究支出	万元			
②应用研究支出	万元	382	429	−11.0
③试验发展支出	万元	104923	102243	2.6
其中：①政府资金	万元	56962	41142	38.5
②企业资金	万元	47836	61521	−22.2
③境外资金	万元			
④其他资金	万元	507	9	5405.4
2.R&D 经费外部支出合计	万元	26419	2201	1100.5
其中：对境内研究机构支出	万元	9652	544	1675.6
对境内高等学校支出	万元	5032	356	1312.6
对境内企业支出	万元	11734	1301	8920.8
对境外支出	万元	1		
四、全部 R&D 项目情况	–	–	–	–
1. 项目数	项	130	142	−8.5
2. 项目人员折合全时当量	人年	2250	1833	22.7
其中：研究人员	人年	767		
3. 项目经费内部支出	万元	95571	88270	8.3
其中：政府资金	万元	47796		
五、企业办研发机构情况	–	–	–	–
1. 机构数	个	35	34	2.9
2. 期末企业在境外设立的研发机构数	个			

11-1 续表 2

指 标	计量单位	2016 年	2015 年	2016 年比 2015 年 ± %
3．机构人员合计	人	2732	1252	118.2
其中：博士毕业	人	9	11	−18.2
硕士毕业	人	338	178	89.9
4．机构经费支出	万元	22454	32019	−29.9
5．仪器和设备原价	万元	37569	29193	28.7
其中：进口	万元	4249	3417	24.4
六、研发产出及相关情况		–	–	–
（一）自主知识产权情况	–	–	–	–
1．专利申请数	件	335	299	12.0
其中：发明专利	件	125	130	−3.8
2．有效发明专利数	件	265	224	18.3
其中：已被实施	件	227	181	25.4
其中：境外授权	件	5	5	
3．专利所有权转让及许可数	件	2		
4．专利所有权转让及许可收入	万元	245		
（二）新产品开发、生产及销售情况	–	–	–	–
1．新产品开发项目数	项	168	187	−10.2
2．新产品开发经费支出	万元	114672	128131	−10.5
3．新产品产值	万元	861147	952376	−9.6
4．新产品销售收入	万元	891903	893525	−0.2
其中：出口	万元	12081	6851	76.3
（三）其他情况	–	–	–	–
1．发表科技论文	篇	295	316	−6.6
2．拥有注册商标	件	198	192	3.1
其中：境外注册	件	2	2	
3．形成国家或行业标准	项	103	44	134.1
七、其他情况	–	–	–	–
（一）政府相关政策落实情况	–	–	–	–
1．使用来自政府部门的研发资金	万元	85025	52147	63.1
2．研究开发费用加计扣除减免税	万元	4223	1872	125.6

11-1 续表 3

指　标	计量单位	2016年	2015年	2016年比2015年±%
3. 高新技术企业减免税	万元	5	2064	-99.7
（二）技术获取和技术改造情况	–	–	–	–
1. 引进境外技术经费支出	万元			
2. 引进境外技术的消化吸收经费支出	万元		14940	-100.0
3. 购买境内技术经费支出	万元		278	-100.0
4. 技术改造经费支出	万元	35904	24405	47.1
（三）科技项目情况	–	–	–	–
全部项目数	项	268	273	-1.8
全部参加项目人员合计	人	5552	4414	25.8
全部项目人员实际工作时间合计	人月	38763	30502	27.1
全部项目经费内部支出合计	万元	137705	143374	-4.0
其中：政府资金	万元	53884	50990	5.7
（四）科技活动情况	–	–	–	–
1. 从事科技活动人员合计	人	6673	6675	
其中 ：本科毕业及以上人员	人	3994	3989	0.1
其中 ：科技管理和服务人员	人	1121	2261	-50.4
2. 科技相关费用合计	万元	156052	185613	-15.9
（五） R&D 投入产出效率情况		–	–	–
R&D 经费内部支出合计与主营业务收入之比	%	1	1	
基础研究占 R&D 经费内部支出的比重	%			
应用研究占 R&D 经费内部支出的比重	%	0	0	-0.06
政府资金占 R&D 经费内部支出的比重	%	54	40	14.02
R&D 项目经费内部支出占 R&D 经费内部支出比重	%	91	86	4.79
R&D 人员合计与从业人员平均人数之比	%	4	3	0.91
研究人员占 R&D 人员比重	%	39	40	-1.34
机构中博士硕士占机构人员比重	%	13	15	-2.40
发明专利占专利申请比重	%	37	43	-6.17
新产品销售收入占主营业务收入比重	%	8	9	-0.24
利润总额与主营业务收入之比	%	4	3	1.24
工业总产值与从业人员平均人数之比	万元 / 人	109	97	12.01

11-2 规上工业企业研究和试验发展（R&D）企业基本情况（2016年）

指 标	单位数（个）	有 R&D 活动单位数（个）	有研发机构单位数（个）	其中：享受研究开发费用加计扣除的企业数（个）	从业人员期末人数（人）
总 计	**472**	**53**	**34**	**7**	**95970**
一、按企业规模分组					
大型	14	7	2	2	38013
中型	40	17	15	4	25643
小型	388	29	17	1	31901
微型	30				413
二、按隶属关系分组					
中央	14	11	7	5	23121
省（自治区、直辖市）	12	5	3		10080
地（区、市、州、盟）	11	2	4		2977
县（区、市、旗）	34	3	2		8590
街道	4				346
镇	6				509
乡	1				271
其他	390	32	18	2	50076
三、按登记注册类型分组					
内资企业	463	53	33	7	94432
国有企业	8	4	3		4979
集体企业	5				348
联营企业	2				414
国有联营企业	2				414
有限责任公司	215	28	19	7	51371
国有独资公司	10	6	3	4	5112
其他有限责任公司	205	22	16	3	46259

从业人员平均人数（人）	资产总计（万元）	主营业务收入（万元）	利润总额（万元）	工业总产值（万元）	出口交货值（万元）
96308	**10030030**	**10688861**	**444647**	**10482559**	**152534**
38049	4930273	5481480	105046	4274607	27684
25579	2105963	1539075	152869	1673794	120956
32253	2495491	3491963	189630	4409811	3895
427	498304	176343	−2897	124347	
22916	2717138	1400927	70081	1627058	33061
10348	2269941	3346432	−51688	1820406	1121
3117	381258	184110	21886	243030	21870
8862	810699	483096	9799	607769	
344	14541	40276	4355	39493	
500	25739	27483	378	59290	
290	16493	20382	2343	22001	
49931	3794220	5186155	387494	6063511	96482
94770	9790022	10461222	397005	10231486	152534
5097	234635	170250	485	183074	13538
349	8878	37784	4262	36934	
415	40152	14878	944	20016	
415	40152	14878	944	20016	
51639	6903390	6953372	165985	6296750	100986
5095	1390174	374535	50863	417257	866
46544	5513216	6578837	115122	5879493	100120

11-2 续表 1

指　标	单位数（个）	有 R&D 活动单位数（个）	有研发机构单位数（个）	其中：享受研究开发费用加计扣除的企业数（个）	从业人员期末人数（人）
股份有限公司	15	5	4		10239
私营企业	218	16	7		27081
私营独资企业	8				1624
私营有限责任公司	201	14	6		22689
私营股份有限公司	9	2	1		2768
港、澳、台商投资企业	6		1		937
合资经营企业（港或澳、台资）	2		1		458
港、澳、台商独资经营企业	4				479
外商投资企业	3				601
中外合资经营企业	1				121
外资企业	2				480
四、按国民经济行业大类分组					
采矿业	54	2	1		11308
煤炭开采和洗选业	5				3712
黑色金属矿采选业	23				5189
有色金属矿采选业	11	1			1355
非金属矿采选业	15	1	1		1052
制造业	407	50	33	7	82238
农副食品加工业	96	8	3		5164
食品制造业	14	3			1005
酒、饮料和精制茶制造业	56	4	2		5209
纺织业	5				2994
纺织服装、服饰业	1				650
皮革、毛皮、羽毛及其制品和制鞋业	1				58

从业人员平均人数（人）	资产总计（万元）	主营业务收入（万元）	利润总额（万元）	工业总产值（万元）	出口交货值（万元）
10220	824447	563168	30269	620692	33428
27050	1778521	2721770	195060	3074020	4581
1626	87111	101368	7524	102549	
22649	1567596	2445062	165828	2775602	4580
2775	123814	175341	21708	195869	1
935	152349	167678	32367	174798	
454	88448	137615	29674	143430	
481	63901	30063	2694	31368	
603	87660	59961	15275	76275	
120	2346	2919	215	2923	
483	85313	57042	15060	73352	
11557	958183	672133	7945	812265	
3655	81627	173989	3987	176697	
5501	531016	259563	2605	326982	
1358	284457	166034	1087	233122	
1043	61083	72547	266	75465	
82297	8559245	9860145	431996	9476355	152534
5103	405668	1034350	46975	1185636	67
982	48146	123959	8790	128188	1109
5357	337333	556275	34782	699758	54
2991	108731	264605	30235	277278	
640	4914	38028	5390	46110	
53	2991	7986	154	17378	

11-2 续表 2

指标	单位数（个）	有 R&D 活动单位数（个）	有研发机构单位数（个）	其中：享受研究开发费用加计扣除的企业数（个）	从业人员期末人数（人）
木材加工和木、竹、藤、棕、草制品业	2				138
家具制造业	2				88
印刷和记录媒介复制业	3				212
文教、工美、体育和娱乐用品制造业	3				159
石油加工、炼焦和核燃料加工业	2	1		1	2247
化学原料和化学制品制造业	21	3	1		4293
医药制造业	19	5	6		5397
橡胶和塑料制品业	9				1330
非金属矿物制品业	57	2	2		4987
黑色金属冶炼和压延加工业	9	2			8013
有色金属冶炼和压延加工业	10	1	1		5354
金属制品业	17	3	2		3100
通用设备制造业	18	2	4	1	3917
专用设备制造业	10		1		1004
汽车制造业	3				500
铁路、船舶、航空航天和其他运输设备制造业	23	12	9	5	22493
电气机械和器材制造业	12	1	1		1734
计算机、通信和其他电子设备制造业	5	1			1240
仪器仪表制造业	4	1	1		676
其他制造业	1	1			85
废弃资源综合利用业	4				191
电力、热力、燃气及水生产和供应业	11	1			2424
电力、热力生产和供应业	9	1			2101
水的生产和供应业	2				323

从业人员平均人数（人）	资产总计（万元）	主营业务收入（万元）	利润总额（万元）	工业总产值（万元）	出口交货值（万元）
138	24477	13549	721	6257	
88	2461	6096	402	6263	
212	8084	15691	2955	16661	
159	4193	9310	756	11455	
2305	919733	128940	38485	162942	
4315	235956	224752	15769	305067	498
5310	593355	713173	155093	820621	113459
1247	37639	87763	7198	90234	
5016	483658	566600	44047	654296	312
8243	1803312	1665930	−74068	1110743	
5294	1000578	2272400	17871	1429603	525
3084	149757	235122	15666	278866	79
4140	371450	166342	−4477	202144	1054
933	24396	85332	6104	122907	
492	14169	45796	3903	47309	
22229	1710335	1325694	53285	1539208	33061
1736	137688	127690	4577	174762	1114
1238	16471	31751	1792	27841	197
694	55641	80059	11137	87017	572
110	16777	4771	329	15520	
188	41333	28183	2122	12291	434
2454	512602	156582	4706	193938	
2128	493278	149878	3909	185882	
326	19324	6705	797	8057	

11-2 续表 3

指 标	单位数（个）	有 R&D 活动单位数（个）	有研发机构单位数（个）	其中：享受研究开发费用加计扣除的企业数（个）	从业人员期末人数（人）
五、按经济成分分组					
公有经济	66	21	14	5	42495
非公有经济	406	32	20	2	53475
六、按企业控股情况分组					
国有控股	57	21	14	5	41635
集体控股	9				860
私人控股	387	30	16	2	48296
港澳台商控股	6		1		937
外商控股	2				480
其他	11	2	3		3762
七、按地区分组					
汉中市	472	53	34	7	95970
汉台区	101	12	12	2	21133
南郑县	65	5	5	2	8208
城固县	57	4	3	1	23290
洋县	39	15	4	1	10368
西乡县	58	2	2		3716
勉县	52	4	5	1	14516
宁强县	41	3	1		4273
略阳县	23	3			5152
镇巴县	23	2			4703
留坝县	8	2	1		383
佛坪县	5	1	1		228

从业人员平均人数（人）	资产总计（万元）	主营业务收入（万元）	利润总额（万元）	工业总产值（万元）	出口交货值（万元）
42886	6115253	5710793	86930	4677101	124225
53422	3914777	4978068	357717	5805458	28309
41999	6057865	5661043	82196	4615462	123653
887	57388	49750	4734	61639	572
48179	3274564	4589192	302415	5317158	28003
935	152349	167678	32367	174798	
483	85313	57042	15060	73352	
3825	402551	164157	7875	240151	306
96308	10030030	10688861	444647	10482559	152534
21393	1526588	1531353	119922	1803618	44069
8186	657820	944706	47320	1345707	1388
22826	1810902	2133835	210634	2401605	99265
10321	1428433	748850	61394	858569	5650
3749	291109	540100	22468	617582	54
14836	2677704	3702830	−33728	2189073	930
4235	223913	407008	11465	569919	1176
5519	1203512	313191	−10601	309072	
4634	172859	299826	12598	305212	
381	22446	39367	1505	53470	1
228	14746	27794	1670	28734	

11-3 规上工业企业研究和试验发展（R&D）人员情况（2016年）

指 标	1.R&D 人员合计（人）	参加项目人员（人）	管理和服务人员（人）	其中：女性（人）
总 计	**4040**	**3764**	**276**	**1257**
一、按企业规模分组				
大型	2387	2255	132	824
中型	1322	1182	140	364
小型	331	327	4	69
二、按隶属关系分组				
中央	2838	2647	191	986
省（自治区、直辖市）	356	343	13	45
地（区、市、州、盟）	111	62	49	21
县（区、市、旗）	46	35	11	5
其他	689	677	12	200
三、按登记注册类型分组				
内资企业	4040	3764	276	1257
国有企业	298	287	11	85
有限责任公司	2875	2775	100	965
国有独资公司	560	494	66	137
其他有限责任公司	2315	2281	34	828
股份有限公司	667	504	163	154
私营企业	200	198	2	53
私营有限责任公司	156	155	1	44
私营股份有限公司	44	43	1	9

其中：研究人员（人）	其中：①全时人员（人）	②非全时人员（人）	2.R&D 人员折合全时当量合计（人年）	其中：研究人员（人年）	③试验发展人员（人年）
1559	**3006**	**1034**	**2402**	**952**	**2399**
991	1879	508	1440	606	1440
470	934	388	812	302	812
98	193	138	149	44	146
1263	2335	503	1804	800	1804
66	120	236	187	41	187
51	98	13	89	41	89
19	16	30	18	6	18
160	437	252	304	63	301
1559	3006	1034	2402	952	2399
101	126	172	158	55	158
1067	2164	711	1845	721	1845
254	409	151	365	171	365
813	1755	560	1480	551	1480
344	581	86	303	153	303
47	135	65	97	22	94
40	121	35	76	19	72
7	14	30	21	3	21

11-3 续表 1

指 标	1.R&D人员合计（人）	参加项目人员（人）	管理和服务人员（人）	其中：女性（人）
四、按国民经济行业大类分组				
采矿业	34	34		2
有色金属矿采选业	28	28		1
非金属矿采选业	6	6		1
制造业	3986	3710	276	1252
农副食品加工业	84	83	1	18
食品制造业	15	15		7
酒、饮料和精制茶制造业	117	116	1	30
石油加工、炼焦和核燃料加工业	87	75	12	14
化学原料和化学制品制造业	33	33		9
医药制造业	86	46	40	17
非金属矿物制品业	10	8	2	2
黑色金属冶炼和压延加工业	192	189	3	8
有色金属冶炼和压延加工业	3	2	1	1
金属制品业	126	107	19	22
通用设备制造业	128	118	10	28
铁路、船舶、航空航天和其他运输设备制造业	3020	2833	187	1084
电气机械和器材制造业	25	25		5
计算机、通信和其他电子设备制造业	7	7		2
仪器仪表制造业	38	38		3
其他制造业	15	15		2
电力、热力、燃气及水生产和供应业	20	20		3
电力、热力生产和供应业	20	20		3

其中：研究人员（人）	其中：①全时人员（人）	②非全时人员（人）	2.R&D 人员折合全时当量合计（人年）	其中：研究人员（人年）	③试验发展人员（人年）
12	18	16	21	7	18
10	13	15	18	6	18
2	5	1	3	1	
1539	2970	1016	2378	943	2378
19	58	26	28	6	28
6	10	5	8	3	8
22	84	33	59	12	59
33	8	79	25	10	25
10	16	17	12	4	12
39	57	29	68	32	68
5	8	2	5	2	5
14	9	183	79	6	79
1	1	2	1	0	1
46	64	62	78	26	78
42	113	15	86	29	86
1267	2488	532	1902	802	1902
10	18	7	5	2	5
3	6	1	1	0	1
20	18	20	15	8	15
2	12	3	5	1	5
8	18	2	3	1	3
8	18	2	3	1	3

11-3 续表 2

指标	1.R&D人员合计（人）	参加项目人员（人）	管理和服务人员（人）	其中：女性（人）
五、按经济成分分组				
公有经济	3298	3083	215	1041
非公有经济	742	681	61	216
六、按企业控股情况分组				
国有控股	3298	3083	215	1041
私人控股	482	430	52	122
其他	260	251	9	94
七、按地区分组				
汉中市	4040	3764	276	1257
汉台区	1442	1248	194	385
南郑县	331	298	33	96
城固县	1551	1549	2	656
洋县	321	295	26	69
西乡县	21	21		5
勉县	260	240	20	27
宁强县	19	19		4
略阳县	68	68		8
镇巴县	12	12		2
留坝县	11	11		4
佛坪县	4	3	1	1

其中：研究人员（人）	其中：①全时人员（人）	②非全时人员（人）	2.R&D 人员折合全时当量合计（人年）	其中：研究人员（人年）	③试验发展人员（人年）
1376	2502	796	2033	859	2033
183	504	238	369	93	366
1376	2502	796	2033	859	2033
153	351	131	218	71	215
30	153	107	151	21	151
1559	3006	1034	2402	952	2399
582	1111	331	800	322	800
137	240	91	185	76	185
655	1392	159	1135	484	1135
106	126	195	119	36	116
6	18	3	17	5	17
36	59	201	98	12	98
7	9	10	15	5	15
23	36	32	27	9	27
2	10	2	1	0	1
3	3	8	5	1	5
2	2	2	1	1	1

11-4 规上工业企业研究和试验发展（R&D）经费支出情况（2016年）

指标	1.R&D 经费内部支出合计（万元）	其中：①经常费支出（万元）	其中：人员劳务费（万元）	②资产性支出（万元）	其中：土建工程（万元）
总计	**105305**	**99654**	**27066**	**5651**	**32**
一、按企业规模分组					
大型	76033	72152	17802	3882	20
中型	23474	22947	7745	527	3
小型	5797	4555	1518	1242	9
二、按隶属关系分组					
中央	77496	73733	20908	3763	20
省（自治区、直辖市）	16162	15898	2203	263	
地（区、市、州、盟）	1824	1745	717	79	2
县（区、市、旗）	547	493	236	54	1
其他	9277	7785	3002	1492	9
三、按登记注册类型分组					
内资企业	105305	99654	27066	5651	32
国有企业	5820	5818	1393	1	
有限责任公司	86696	81834	21912	4861	27
国有独资公司	14184	14037	3903	147	
其他有限责任公司	72512	67797	18010	4714	27
股份有限公司	9901	9806	3048	95	2
私营企业	2888	2195	712	693	4
私营有限责任公司	2449	1866	535	583	0
私营股份有限公司	439	329	177	111	4

仪器和设备（万元）	其中：试验发展支出（万元）	其中：①政府资金（万元）	②企业资金（万元）	④其他资金（万元）	2.R&D 经费外部支出合计（万元）	其中：对境内研究机构支出（万元）	对境内高等学校支出（万元）	对境内企业支出（万元）
5618	**104923**	**56962**	**47836**	**507**	**26419**	**9652**	**5032**	**11,734**
3861	76033	52490	23544		25985	9550	4891	11,544
524	23474	3980	19494		193		16	177
1233	5415	492	4799	507	241	103	124	13
3743	77496	55691	21805		26088	9490	4891	11,707
263	16162	343	15818		14		0	13
77	1824	200	1624					
53	547		547		16		16	
1482	8895	728	8042	507	301	163	124	13
5618	104923	56962	47836	507	26419	9652	5032	11,734
1	5820	109	5710					
4835	86696	55018	31362	316	26149	9490	4939	11,721
147	14184	3112	11072		1296			1,296
4687	72512	51906	20290	316	24853	9490	4939	10,425
93	9901	1468	8433					
690	2507	367	2331	191	270	163	93	13
583	2067	124	2134	191	257	162	81	13
107	439	243	196		13	1	12	0

11-4 续表 1

指 标	1.R&D经费内部支出合计（万元）	其中：①经常费支出（万元）	其中：人员劳务费（万元）	②资产性支出（万元）	其中：土建工程（万元）
四、按国民经济行业大类分组					
采矿业	637	280	177	357	
有色金属矿采选业	255	255	156		
非金属矿采选业	382	25	21	357	
制造业	104558	99264	26836	5294	32
农副食品加工业	1128	966	337	162	0
食品制造业	277	240	63	37	0
酒、饮料和精制茶制造业	1164	962	284	202	3
石油加工、炼焦和核燃料加工业	938	938	250		
化学原料和化学制品制造业	656	650	143	6	
医药制造业	1330	1319	583	11	1
非金属矿物制品业	439	56	32	383	1
黑色金属冶炼和压延加工业	15950	15671	1763	279	
有色金属冶炼和压延加工业	8	8	2	0	
金属制品业	954	888	388	66	1
通用设备制造业	1574	1495	719	79	2
铁路、船舶、航空航天和其他运输设备制造业	78996	74998	21823	3999	20
电气机械和器材制造业	254	185	90	69	4
计算机、通信和其他电子设备制造业	135	135	74		
仪器仪表制造业	691	691	234		
其他制造业	65	65	51		
电力、热力、燃气及水生产和供应业	110	110	53		
电力、热力生产和供应业	110	110	53		

仪器和设备（万元）	其中：试验发展支出（万元）	其中：①政府资金（万元）	②企业资金（万元）	④其他资金（万元）	2.R&D 经费外部支出合计（万元）	其中：对境内研究机构支出（万元）	对境内高等学校支出（万元）	对境内企业支出(万元)
357	255		446	191				
	255		255					
357			191	191				
5261	104558	56962	47280	316	26419	9652	5032	11,734
162	1128	113	919	96	66	21	45	
37	277		277		84	81	1	1
199	1164	290	874		96	61	35	0
	938		938		1132			1,132
6	656	12	644					
10	1330	133	1197		10		10	
382	439		219	219				
279	15950	20	15930					
0	8		8		0		0	
65	954		954		46		34	12
77	1574	463	1111		13			13
3979	78996	55927	23070		24956	9490	4891	10,575
65	254		254		15		15	
	135		135					
	691		691					
	65	4	61					
	110		110					
	110		110					

11-4 续表 2

指标	1.R&D 经费内部支出合计（万元）	其中：①经常费支出（万元）	其中：人员劳务费（万元）	②资产性支出（万元）	其中：土建工程（万元）
五、按经济成分分组					
公有经济	95731	91641	23773	4090	21
非公有经济	9574	8013	3293	1561	11
六、按企业控股情况分组					
国有控股	95731	91641	23773	4090	21
私人控股	6871	5625	2092	1246	9
其他	2703	2388	1201	315	2
七、按地区分组					
汉中市	105305	99654	27066	5651	32
汉台区	19490	19106	7344	384	6
南郑县	9436	9337	1911	99	
城固县	51290	47668	13876	3621	21
洋县	7645	6547	1419	1098	4
西乡县	763	665	123	99	
勉县	15482	15169	1806	313	
宁强县	374	366	157	8	
略阳县	512	506	305	6	
镇巴县	190	178	61	12	
留坝县	87	76	53	11	1
佛坪县	35	35	11		

仪器和设备（万元）	其中：试验发展支出（万元）	其中：①政府资金（万元）	②企业资金（万元）	④其他资金（万元）	2.R&D 经费外部支出合计（万元）	其中：对境内研究机构支出（万元）	对境内高等学校支出（万元）	对境内企业支出（万元）
4069	95731	56034	39697		26118	9490	4907	11,721
1550	9192	928	8140	507	301	163	124	13
4069	95731	56034	39697		26118	9490	4907	11,721
1237	6489	552	5812	507	301	163	124	13
313	2703	376	2327					
5618	104923	56962	47836	507	26419	9652	5032	11,734
378	19490	4679	14811		28		15	13
99	9436	484	8952		164			164
3600	51290	51201	73	16	24856	9551	4892	10,412
1094	7263	283	6871	491	1328	102	81	1,145
99	763	120	644		33		33	
313	15482	110	15373		0		0	
8	374		374					
6	512	12	500					
12	190		190					
10	87	73	14		10		10	
	35		35					

11−5 规上工业企业研究和试验发展（R&D）企业研发机构情况（2016年）

指 标	1．机构数（个）	2．机构人员合计（人）	其中：博士毕业（人）	硕士毕业（人）	3．机构经费支出（万元）	4．科技机构仪器和设备原价（万元）	其中：进口（万元）
总 计	35	2732.0	9.0	338.0	22454	37569	4249
一、按企业规模分组							
大型	2	1538.0	1.0	162.0	1811	10870	112
中型	16	956.0	1.0	155.0	16097	17919	2730
小型	17	238.0	7.0	21.0	4546	8780	1407
二、按隶属关系分组							
中央	8	1999.0	1.0	303.0	13675	18144	1293
省（自治区、直辖市）	3	215.0	1.0	7.0	1608	6149	544
地（区、市、州、盟）	4	127.0		4.0	967	2281	1000
县（区、市、旗）	2	81.0			1067	760	450
其他	18	310.0	7.0	24.0	5138	10234	961
三、按登记注册类型分组							
内资企业	34	2724.0	9.0	335.0	22452	37564	4249
国有企业	4	147.0		27.0	5813	4448	840
有限责任公司	19	2328.0	4.0	294.0	13956	24766	1882
国有独资公司	3	349.0		118.0	6225	6460	454
其他有限责任公司	16	1979.0	4.0	176.0	7731	18306	1428
股份有限公司	4	136.0	1.0	5.0	1708	6935	1170
私营企业	7	113.0	4.0	9.0	976	1414	357
私营有限责任公司	6	106.0	4.0	8.0	925	1394	357
私营股份有限公司	1	7.0		1.0	51	20	
港、澳、台商投资企业	1	8.0		3.0	2	5	
合资经营企业（港或澳、台资）	1	8.0		3.0	2	5	
四、按国民经济行业大类分组							
采矿业	1	6.0			382	357	357
非金属矿采选业	1	6.0			382	357	357
制造业	34	2726.0	9.0	338.0	22072	37212	3891
农副食品加工业	3	73.0	2.0	6.0	660	1054	
酒、饮料和精制茶制造业	2	21.0	1.0	1.0	223	97	
化学原料和化学制品制造业	1	10.0		1.0	41	30	

11-5 续表 1

指 标	1.机构数（个）	2.机构人员合计（人）	其中：博士毕业（人）	硕士毕业（人）	3.机构经费支出（万元）	4.科技机构仪器和设备原价（万元）	其中：进口（万元）
医药制造业	6	48.0		7.0	664	2035	1004
非金属矿物制品业	2	15.0	1.0	1.0	458	531	382
有色金属冶炼和压延加工业	1	35.0		4.0	174	3634	112
金属制品业	2	129.0	1.0	2.0	1237	1202	432
通用设备制造业	4	209.0	1.0	5.0	2175	7039	170
专用设备制造业	1	40.0			687	450	450
铁路、船舶、航空航天和其他运输设备制造业	10	2110.0	1.0	307.0	15278	20707	1293
电气机械和器材制造业	1	25.0	2.0	3.0	126	184	48
仪器仪表制造业	1	11.0		1.0	350	250	
五、按经济成分分组							
公有经济	15	2284.0	3.0	317.0	16786	30320	2012
非公有经济	20	448.0	6.0	21.0	5668	7248	2237
六、按企业控股情况分组							
国有控股	15	2284.0	3.0	317.0	16786	30320	2012
私人控股	16	283.0	6.0	18.0	3572	4680	1787
港澳台商控股	1	8.0		3.0	2	5	
其他	3	157.0			2094	2563	450
七、按地区分组							
汉中市	35	2732.0	9.0	338.0	22454	37569	4249
汉台区	13	669.0	4.0	115.0	9637	18997	2030
南郑县	5	288.0	1.0	47.0	8270	3851	1363
城固县	3	1520.0	1.0	161.0	1679	7246	4
洋县	4	58.0			1617	1135	739
西乡县	2	19.0		2.0	78	36	
勉县	5	154.0	2.0	11.0	903	5928	112
宁强县	1	12.0	1.0		186	91	
略阳县							
镇巴县							
留坝县	1	7.0		1.0	51	20	
佛坪县	1	5.0		1.0	35	265	

11-6 规上工业企业研究和试验发展（R&D）研发产出情况及其他情况（2016年）

指　标	一、研发产出及相关情况					
	1．专利申请数（件）	其中：发明专利（件）	2．有效发明专利数（件）	其中：已被实施（件）	3．新产品开发项目数（项）	4. 新产品开发经费支出（万元）
总　计	**335**	**125**	**265**	**227**	**168**	**114672**
一、按企业规模分组						
大型	134	74	100	96	39	71592
中型	152	36	131	112	82	27590
小型	49	15	34	19	46	15488
微型					1	2
二、按隶属关系分组						
中央	204	93	198	186	54	88116
省（自治区、直辖市）	26	4	12	10	32	5135
地（区、市、州、盟）	2		24	13	16	2033
县（区、市、旗）	2	1	1		6	1373
其他	101	27	30	18	60	18015
三、按登记注册类型分组						
内资企业	330	122	265	227	167	114656
国有企业	14	6	18	7	27	11740
有限责任公司	257	97	220	205	85	82016
国有独资公司	91	27	121	120	18	14673
其他有限责任公司	166	70	99	85	67	67344
股份有限公司	25	8	12	6	25	9265
私营企业	34	11	15	9	30	11635
私营有限责任公司	34	11	9	5	28	11415
私营股份有限公司			6	4	2	220
港、澳、台商投资企业	5	3			1	16
合资经营企业（港或澳、台资）	5	3			1	16

一、研发产出及相关情况							二、其他情况				
5. 新产品产值（万元）	6. 新产品销售收入（万元）	其中：出口（万元）	7. 发表科技论文（篇）	8. 拥有注册商标（件）	其中：境外注册（件）	9. 形成国家或行业标准（项）	1.使用来自政府部门的研发资金（万元）	2.研究开发费用加计扣除减免税（万元）	3.高新技术企业减免税（万元）	4.购买境内技术经费支出（万元）	5.技术改造经费支出（万元）
861147	891903	12081	295	198	2	103	85025	4223	5.2		35904
705182	712474	7703	229	26	1	87	78480	3371			4873
118484	104633	4378	51	76	1	7	4734	682			30504
35375	72996		15	96		9	1812	170	5.2		527
2106	1800										
776135	747289	7828	152	33	2	40	82059	4017			13619
18476	44007	234	98	9		54	514				8807
24453	22589	3769	24	12		6	313				12526
3330	2085			2			0				210
38754	75934	250	21	142		3	2140	205	5.2		741
861147	891903	12081	295	194	2	103	85023	4223	5.2		35904
51071	45397	828	12	11			539				2261
762380	801671	7484	260	75	1	100	81314	4223	5.2		20820
58489	49667		34	17	1	7	3112	892			10978
703891	752004	7484	226	58		93	78202	3331	5.2		9841
36425	34516	3769	17	7	1		2071				12526
11272	10319		6	101		3	1100				297
10885	9962		6	51			778				196
387	356			50		3	322				102
				4			2				
				4			2				

11-6 续表 1

指标	一、研发产出及相关情况					
	1．专利申请数（件）	其中：发明专利（件）	2．有效发明专利数（件）	其中：已被实施（件）	3．新产品开发项目数（项）	4. 新产品开发经费支出（万元）
四、按国民经济行业大类分组						
采矿业	3	2			1	90
有色金属矿采选业	3	2			1	90
制造业	332	123	265	227	166	114472
农副食品加工业	25	4	5	4	15	8028
食品制造业	1		1		3	277
酒、饮料和精制茶制造业	33	8	7	6	10	1250
石油加工、炼焦和核燃料加工业	10	8	31	31	8	614
化学原料和化学制品制造业	1	1			5	1140
医药制造业	10	6	20	16	10	2034
橡胶和塑料制品业					1	2
非金属矿物制品业			1	1		
黑色金属冶炼和压延加工业	39	6	3	2	13	3264
有色金属冶炼和压延加工业	5	3	6	4	1	16
金属制品业	1		1	1	16	1498
通用设备制造业	4	2	10	3	23	2542
专用设备制造业					2	1642
铁路、船舶、航空航天和其他运输设备制造业	194	85	169	155	53	89941
电气机械和器材制造业	7		2	1	2	356
计算机、通信和其他电子设备制造业					1	135
仪器仪表制造业	2		9	3	2	1668
其他制造业					1	65
电力、热力、燃气及水生产和供应业					1	110
电力、热力生产和供应业					1	110

一、研发产出及相关情况							二、其他情况				
5．新产品产值（万元）	6．新产品销售收入（万元）	其中：出口（万元）	7．发表科技论文（篇）	8．拥有注册商标（件）	其中：境外注册（件）	9．形成国家或行业标准（项）	1.使用来自政府部门的研发资金（万元）	2.研究开发费用加计扣除减免税（万元）	3.高新技术企业减免税（万元）	4.购买境内技术经费支出（万元）	5.技术改造经费支出（万元）
			13								120
			13								120
861147	891903	12081	279	198	2	103	85025	4223	5.2		35284
5372	4598		3	16			588				171
				1							
1339	1612		3	112		3	493				25
			21					246			594
1587	1556			1			53				22
2307	1786	1705	6	15		5	303				100
2106	1800										
				1							
	26626		85			54	30				
48	40276		5				12				4279
7316	7316		5	5							1167
8991	6884	2548	20	6			1161	170			15887
1320	75			1			0				210
796915	766759	7828	128	34	2	40	82295	3807			12829
13365	12183			1					5.2		
20482	20431		3	5		1	86				
							4				
			3								500
			3								500

11-6 续表 2

指标	一、研发产出及相关情况					
	1．专利申请数（件）	其中：发明专利（件）	2．有效发明专利数（件）	其中：已被实施（件）	3．新产品开发项目数（项）	4. 新产品开发经费支出（万元）
五、按经济成分分组						
公有经济	265	109	228	206	93	94194
非公有经济	70	16	37	21	75	20478
六、按企业控股情况分组						
国有控股	263	109	222	206	93	94194
集体控股	2		6			
私人控股	65	13	32	21	58	16546
港澳台商控股	5	3			1	16
其他			5		16	3916
七、按地区分组						
汉中市	335	125	265	227	168	114672
汉台区	60	18	128	112	60	27480
南郑县	44	9	15	4	22	15262
城固县	114	68	66	63	12	56418
洋县	61	13	41	40	34	9256
西乡县	7	7	1		5	685
勉县	37	6	11	8	24	4595
宁强县	5		1		4	390
略阳县	3	2			3	347
镇巴县	2	2			2	190
留坝县			2		1	14
佛坪县	2				1	35

一、研发产出及相关情况							二、其他情况				
5．新产品产值（万元）	6．新产品销售收入（万元）	其中：出口（万元）	7．发表科技论文（篇）	8．拥有注册商标（件）	其中：境外注册（件）	9．形成国家或行业标准（项）	1.使用来自政府部门的研发资金（万元）	2.研究开发费用加计扣除减免税（万元）	3.高新技术企业减免税（万元）	4.购买境内技术经费支出（万元）	5.技术改造经费支出（万元）
801615	798130	8312	274	53	2	100	83030	4017			22546
59532	93773	3769	21	145		3	1996	205	5.2		13358
798015	794580	8312	271	49	2	99	83030	4017			22546
3600	3550		3	4		1					
53053	49707	1455	6	139		3	1548	205	5.2		317
				4			2				
6478	44066	2314	15	2			446				13040
861147	891903	12081	295	198	2	103	85025	4223	5.2		35904
123178	121878	4128	38	31	1	13	6175	352	5.2		21104
47785	33789		8	21	1		592	293			8909
637804	623398	7250	118	28		33	77191	3125			2
46626	40879	703	23	87		3	500	246			594
849	1052			10			162				25
3707	29490		91	13		54	189	207			4530
988	41216		1	5			112				
			16				12				640
				3			92				100
210	200										

11-7 专利项目

单位：件

指　标	2014 年	2015 年	2016 年
一、申请量总计	1288	1418	2553
发明专利	273	375	500
实用新型专利	782	706	1173
外观设计专利	233	337	880
二、授权量总计	914	973	1110
发明专利	51	97	96
实用新型专利	725	565	667
外观设计专利	138	311	347

注：数据来源于汉中市科技局。

11−8 普通中小学校学生数（2016年）

地区	在校学生数（人）			毕业生数（人）			招生数（人）		
	小学	初中	高中	小学	初中	高中	小学	初中	高中
汉中市	**197437**	**100120**	**80888**	**32801**	**35584**	**26160**	**34416**	**33276**	**27527**
汉台区	30135	14096	13087	4834	5070	4179	5476	4675	4498
南郑县	28812	16132	12594	4961	5576	3839	5026	5389	4289
城固县	28205	13519	10796	4514	4687	3437	5016	4516	3775
洋县	24116	12305	10212	4072	4412	3365	4206	4031	3476
西乡县	24496	11941	8153	3958	3942	2550	3842	4018	2806
勉县	16794	10574	9988	2978	4102	3238	3046	3461	3183
宁强县	14830	8190	7468	2671	2914	2624	2610	2698	2549
略阳县	7805	3505	2656	1328	1443	924	1378	1157	853
镇巴县	18229	8079	4493	2777	2792	1520	3105	2772	1557
留坝县	1724	836	932	301	288	314	314	266	322
佛坪县	1524	655	509	250	246	170	266	202	219
开发区	767	288	0	157	112	0	131	91	0

注：数据来源于汉中市教育局。

11-9　各县区文化产业增加值（2015年）

地　区	总量（万元）	比上年增长（%）
汉中市	**263600**	**9.6**
汉台区	81430	10.4
南郑县	28790	10.3
城固县	37030	10.1
洋　县	22560	7.0
西乡县	17340	8.1
勉　县	22720	9.3
宁强县	14580	10.2
略阳县	14510	9.3
镇巴县	9930	9.1
留坝县	9920	10.3
佛坪县	4790	10.1

11－10　文化部门艺术表演团体（2016年）

指　标	剧团数（个）	全部职工人数（人）
总　计	**4**	**194**
其中：国有剧团	4	194
按剧种分：	–	
1、　歌舞团、轻音乐团	3	156
2、　文工团、文宣队		
3、　戏曲剧团	1	28
其中：京剧	0	0
其他综合性剧团	1	28

注：数据来源于汉中市文广新局。

11-11 各县区文化馆站及藏书（2016年）

地 区	图书馆机构数	文化馆机构数	文化站机构数	图书馆机构藏书	文化馆机构藏书	文化站机构藏书
汉中市	**11**	**13**	**193**	**689817**	**45650**	**530371**
汉台区	1	2	15	198700	130	62100
南郑县	1	1	22	110794	200	104800
城固县	1	1	20	35630	500	32607
洋 县	1	1	17	69500	120	56825
西乡县	1	1	23	53000	0	20050
勉 县	1	1	18	72000	0	21925
宁强县	1	2	21	30480	0	42516
略阳县	1	1	18	25230	0	62627
镇巴县	1	1	21	22500	1200	58575
留坝县	1	1	9	30000	43500	22700
佛坪县	1	1	9	41983	0	45646

注：数据来源于汉中市文广新局。

11-12　文化机构和人员（2016年）

指　标	文化机构数（个）	人数（人）
总　计	**224**	**1265**
艺术业	7	350
其中：艺术表演团体	4	194
艺术表演场馆	3	156
图书馆	11	108
群众文化服务	206	807

注：数据来源于汉中市文广新局。

11-13　艺术表演场馆（2016年）

指　标	机构数（个）	坐席数（人）
总　计	**3**	**1710**
1、按经济类型分：		
国有	2	1160
2、按隶属关系分：		
市属	1	550
县属及以下	2	1160

注：数据来源于汉中市文广新局。

11-14 广播电视覆盖率（2016年）

地　区	广播覆盖率（%）	电视覆盖率（%）
汉中市	**98.30**	**99.12**
汉台区	100.00	100.00
南郑县	98.10	99.70
城固县	98.60	99.00
洋　县	98.70	98.80
西乡县	98.15	98.95
勉　县	98.20	98.96
宁强县	97.95	99.05
略阳县	97.88	100.00
镇巴县	98.20	99.35
留坝县	98.05	97.56
佛坪县	97.85	99.25

注：数据来源于汉中市文广新局。

11−15 体育事业（2016年）

指 标	单 位	2015 年	2016 年
体育系统职工人数	人	299	286
其中：教练员	人	45	46
举办运动会次数	次	25	32
省级以上比赛金牌数	块	56	61
省级以上比赛银牌数	块	33	37
省级以上比赛铜牌数	块	58	55
等级运动员发展人数	人	68	60
其中：一级	人		1
其中：二级	人	68	59
其中：三级	人		
等级裁判员发展人数	人	99	76
其中：一级	人	3	2
其中：二级	人	96	74
其中：三级	人		

注：数据来源于汉中市体育局。

11-16 各类卫生机构、床位和人员数（2016年）

指 标	机构数（个）	床位数（床）	在岗职工（人）				
			合 计	卫生技术人员	其他技术人员	管理人员	工勤技能人员
汉 中 市	**3698**	**20580**	**28847**	**21882**	**499**	**1167**	**1881**
一、医院	72	16171	16173	13827	319	746	1281
综合医院	51	12039	12553	10847	205	617	884
中医医院	13	2971	2808	2348	94	85	281
专科医院	8	1161	812	632	20	44	116
二、基层医疗卫生机构	3544	3809	10608	6515	73	207	395
社区卫生服务中心（站）	19	36	292	236	3	31	22
卫生院	185	3773	5372	4763	70	176	363
村卫生室	2661		3753	335			
诊所．卫生所．医务室	679		1191	1181			
三、专业公共卫生机构	73	362	1901	1435	95	188	183
疾病预防控制中心	12	0	519	388	22	48	61
妇幼保健院（所、站）	12	362	769	660	10	51	48
采供血机构	1	0	57	35	2	6	14
卫生监督所（中心）	12	0	112	101	0	7	4
计划生育技术服务机构	36	0	444	251	61	76	56
四、其他卫生机构	9	238	165	105	12	26	22
疗养院	1	238	92	57	8	19	8
医学科学研究机构	1		4	3		1	
医学在职培训机构	4		27	12	3	4	8
其他	3		55	33	1	2	6

注：数据来源于汉中市卫计局。

11-17　出生分孩次性别比（2016年）

单位：人

地区	出生人数（人）				出生性别比（女孩=100）	政策符合率（%）	政策外出生人数（人）	
	总数	一孩	二孩	多孩			总数	多孩数
汉中市	**35937**	**19430**	**16070**	**437**	**106.5**	**97.45**	**276**	**146**
汉台区	4994	2956	1992	46	107.0	97.44	56	20
南郑县	5718	3103	2537	78	107.1	97.61	27	27
城固县	5541	2981	2530	30	105.9	98.80	6	2
洋　县	4110	2165	1851	94	106.8	96.58	40	24
西乡县	3469	1774	1661	34	102.5	96.66	47	18
勉　县	4172	2391	1748	33	106.4	97.98	22	12
宁强县	2909	1570	1299	40	108.7	94.80	39	8
略阳县	1526	888	624	14	107.6	99.33	6	3
镇巴县	2440	1031	1353	56	107.5	97.20	28	28
留坝县	435	243	188	4	104.2	99.50	4	4
佛坪县	329	171	153	5	98.2	97.81	0	0
开发区	294	157	134	3	116.2	98.38	1	0

注：数据来源于汉中市卫计局。

11－18　已婚育龄妇女落实节育措施情况（2016年）

单位：人

地区	育龄妇女人数	已婚育龄妇女人数	落实节育措施人员								综合节育率 %
			合计	男扎	女扎	上环	皮埋	口服及注射	避孕套	外用药	
汉中市	**812705**	**645942**	**601720**	**783**	**153109**	**401368**	**1080**	**3736**	**41195**	**449**	**93.15**
汉台区	112262	85899	79847	19	10274	64027	197	135	5168	27	92.95
南郑县	118718	99023	93262	390	18696	65186	201	1144	7531	114	94.18
城固县	109004	87762	80749	3	21949	55412	111	135	3138	1	92.01
洋　县	97608	78215	72284	7	19360	49329	48	31	3509	0	92.42
西乡县	86754	71412	65005	21	21313	37927	40	922	4767	15	91.03
勉　县	91622	72453	68208	0	6019	56761	20	331	5077	0	94.14
宁强县	73053	56522	52753	19	19410	28572	224	386	4127	15	93.33
略阳县	45663	34508	32807	0	10852	17250	221	109	4352	23	95.07
镇巴县	56058	42661	40513	324	19361	18903	12	543	1116	254	94.96
留坝县	9736	7337	6812	0	3310	2391	2	0	1109	0	92.84
佛坪县	6744	5391	5193	0	1901	2587	3	0	702	0	96.33
开发区	5483	4759	4287	0	664	3023	1	0	599	0	90.08

注：数据来源于汉中市卫计局。

主要统计指标解释

研究与试验发展（R&D） 指在科学技术领域，为增加知识总量，以及运用这些知识去创造新的应用进行的系统的创造性的活动，包括基础研究、应用研究、试验发展三类活动。国际上通常采用R&D活动的规模和强度指标反映一国的科技实力和核心竞争力。

R&D人员 指参与研究与试验发展项目研究、管理和辅助工作的人员，包括项目（课题）组人员，企业科技行政管理人员和直接为项目（课题）活动提供服务的辅助人员。反映投入从事拥有自主知识产权的研究开发活动的人力规模。

R&D人员全时当量 指全时人员数加非全时人员按工作量折算为全时人员数的总和。例如：有两个全时人员和三个非全时人员（工作时间分别为20%、30%和70%），则全时当量为2+0.2+0.3+0.7=3.2人年。为国际上比较科技人力投入而制定的可比指标。

R&D经费支出合计 指调查单位用于内部开展R&D活动（基础研究、应用研究和试验发展）的实际支出。包括用于R&D项目（课题）活动的直接支出，以及间接用于R&D活动的管理费、服务费、与R&D有关的基本建设支出以及外协加工费等。不包括生产性活动支出、归还贷款支出以及与外单位合作或委托外单位进行R&D活动而转拨给对方的经费支出。

专业技术人员 指从事专业技术工作和专业技术管理工作的人员，即企事业单位中已经聘任专业技术职务从事专业技术工作和专业技术管理工作的人员，以及未聘任专业技术职务，现在专业技术岗位上工作的人员。包括工程技术人员，农业技术人员，科学研究人员，卫生技术人员，教学人员，经济人员，会计人员，统计人员，翻译人员，图书资料、档案、文博人员，新闻出版人员，律师、公证人员，广播电视播音人员，工艺美术人员，体育人员，艺术人员及企业政治思想工作人员，共十七个专业技术职务类别。用来反映科技人力资源情况。

文化产业增加值 指一个国家（或地区）所有文化及相关产业常住单位在一定时期内生产活动的最终成果。它是所有《文化产业及相关产业分类》规定范围内常住单位在一定时期内增加值之和。

艺术表演团体 指由文化部门主办或实行行业管理（经文化市场行政部门审批或已申报登记并领取相关许可证），专门从事表演艺术等活动的各类专业艺术表演团体，含民间职业剧团。如话剧团、方言话剧团、滑稽剧团、儿童剧团、 歌剧团、木偶团、皮影团等以及由若干剧种组成的综合性专业艺术表演团体。不包括群众业余文艺表演团体。

艺术表演场馆 指由文化部门主办或实行行业管理（经文化市场行政部门审批或已申报登记并领取相关许可证），有观众席、舞台、灯光设备，公开售票、专供文艺团体演出的文化活动场所。附属于文化部门机构内非独立核算的剧场、排演场，公开营业的也应单独统计。

广播/电视节目综合人口覆盖率 指根据原国家广电总局制定的《广播电视人口覆盖率统计技术标准和方法》进行统计调查的，在对象区内能接收到由中央、省、地市或县通过无线、有线或卫星等各种技术方式转播的各级广播/电视节目的人口数占全国总人口数的百分比。

卫生机构 指从卫生行政部门取得《医疗机构执业许可证》，或从民政、工商行政、机构编制管理部门取得法人单位登记证书，为社会提供医疗保健、疾病控制、卫生监督服务或从事医学科研和教育等工作的单位。卫生机构包括医院、疗养院、社区卫生服务中心（站）、卫生院、门诊部、诊所（卫生所、医务室）、急救中心（站）、采供血机构、妇幼保健院（所、站）、专科疾病防治院（所、站）、疾病预防控制中心（防疫站）、卫生监督所、卫生监督检验（监测、检测）机构、医学科研机构、医学在职培训机构、健康教育所（站）等其他卫生机构。

卫生技术人员　包括执业（助理）医师、注册护士、药剂人员、检验和影像人员等卫生专业人员。不包括从事管理工作的卫生技术人员（一律计入管理人员）。

执业医师　指具有《医师执业证》及其“级别”为“执业医师”且实际从事医疗、预防保健工作的人员，不包括实际从事管理工作的执业医师。执业医师类别分为临床、中医、口腔和公共卫生。

执业助理医师　指具有《医师执业证》及其“级别”为“执业助理医师”且实际从事医疗、预防保健工作的人员，不包括实际从事管理工作的执业助理医师。执业助理医师类别同样分为临床、中医、口腔和公共卫生四类。

十二、县域经济

12-1 县域经济考核县区排位

地 区	2015 年位次	2016 年位次	2016 年进位
汉台区	15	14	1
南郑县	18	17	1
城固县	17	15	2
洋 县	34	51	−17
西乡县	42	38	4
勉 县	50	57	−7
宁强县	60	44	16
略阳县	79	74	5
镇巴县	52	63	−11
留坝县	51	60	−9
佛坪县	37	37	0

注：宁强县荣获2016年度陕西省县域经济社会发展争先进位一等奖；
汉台区在全省27个区2015年和2016年监测结果中排位，其余各县在全省80个县2015年和2016年监测结果中排位。

12-2　县域经济社会发展监测分县区主要指标全省排位（2016年）

地区	生产总值				地方财政收入			
	总量（万元）	位次	增速（%）	位次	总量（万元）	位次	增速（%）	位次
汉台区	2522720	16	10.8	2	110065	13	15.2	2
南郑县	1740730	12	8.3	48	72118	12	2.1	30
城固县	2172240	7	11.6	6	30615	26	15.7	10
洋　县	1065290	33	8.0	54	24656	38	18.9	8
西乡县	906930	36	10.1	23	25802	36	12.1	16
勉　县	1011600	34	2.0	71	27939	32	−2.3	35
宁强县	715380	49	10.1	23	15544	56	3.2	28
略阳县	559420	61	7.9	58	11977	61	15.0	13
镇巴县	651660	56	8.9	34	10609	66	−5.0	36
留坝县	141130	78	9.3	30	7833	74	45.0	2
佛坪县	85580	80	11.5	8	4418	79	37.7	4

注：汉台区在全省27个区中排位，其余各县在全省80个县中排位。

12-2 续表 1

地区	人均固定资产投资（元）	位次	固定资产投资增长速度（%）	位次	工业增加值增长速度（不变价）（%）	位次	工业增加值占生产总值比重（%）	位次
汉台区	58798	14	32.2	2	12.6	6	28.3	17
南郑县	21759	70	36.8	5	7.8	54	46.8	28
城固县	44230	29	27.5	19	16.2	7	44.2	32
洋县	19414	75	-27.3	75	7.6	55	26.2	61
西乡县	25875	63	19.3	46	13.5	26	24.7	63
勉县	13776	80	22.7	32	-16.8	79	23.6	66
宁强县	26303	62	25.4	23	18.9	2	19.3	71
略阳县	15750	78	14.8	60	5.0	63	19.4	70
镇巴县	29570	56	21.5	35	10.2	42	23.8	65
留坝县	24418	65	1.0	70	11.5	34	12.6	76
佛坪县	55453	19	23.2	30	14.8	17	9.3	78

12-2 续表 2

地 区	服务业增加值增长速度（不变价）（%）	位 次	服务业增加值占生产总值比重（%）	位 次	非公有制经济增加值占生产总值比重（%）	位 次	存贷比（%）	位 次
汉台区	8.9	12	48.4	10	56.1	4		
南郑县	8.7	56	30.6	41	49.3	51	37.5	48
城固县	10.1	22	29.3	50	49.2	52	24.5	78
洋 县	10.2	19	36.1	31	50.0	48	42.0	33
西乡县	9.3	46	43.1	21	55.9	20	41.5	37
勉 县	9.5	39	40.5	24	55.0	21	43.3	29
宁强县	9.0	50	43.2	20	56.1	16	32.2	62
略阳县	8.9	51	49.6	10	46.0	61	48.0	20
镇巴县	10.0	23	43.7	18	49.1	53	30.4	64
留坝县	9.5	39	51.1	7	46.5	59	29.7	67
佛坪县	11.7	7	51.4	6	41.2	64	21.3	79

注：存贷比为县区考核指标。

12-2 续表 3

地区	居民人均可支配收入（元）	位次	居民人均可支配收入增长速度（%）	位次	城镇居民人均可支配收入（元）	位次	城镇居民人均可支配收入比上年增长（%）	位次
汉台区	16258	25	9.0	2	25810	26	8.3	3
南郑县	15934	34	8.9	28	25649	57	8.4	14
城固县	16100	33	9.2	12	25611	58	8.3	17
洋　县	15686	38	9.1	15	25366	69	8.5	9
西乡县	15711	37	9.0	18	25605	59	8.4	14
勉　县	16189	31	9.3	9	25662	55	8.6	7
宁强县	14826	51	8.8	36	25599	60	8.5	9
略阳县	14733	52	8.9	28	25282	72	8.2	22
镇巴县	14463	58	8.8	36	25216	74	8.0	35
留坝县	14453	60	8.3	64	25125	78	8.1	27
佛坪县	14460	59	7.9	74	25094	79	7.9	39

12-2 续表 4

地区	城镇居民人均可支配收入（元）	位次	农村居民人均可支配收入比上年增长（%）	位次	万元生产总值能耗降低率（上年度）（%）	位次	公众安全感满意率（%）	位次
汉台区	9014	20	8.5	2	5.14	3	89.8	26
南郑县	8910	44	8.4	39	5.55	4	95.3	17
城固县	8953	40	8.7	19	5.22	5	91.5	75
洋　县	8882	47	8.8	14	3.02	69	93.2	46
西乡县	8875	49	8.5	31	3.15	59	95.5	13
勉　县	8910	44	8.8	14	3.53	30	94.6	26
宁强县	8746	54	8.4	39	3.25	52	96.5	3
略阳县	8714	57	8.3	45	6.72	1	93.9	36
镇巴县	8698	60	8.7	19	1.15	79	96.1	9
留坝县	8712	58	8.7	19	2.23	74	94.1	30
佛坪县	8745	55	8.9	11	2.64	73	96.1	9

注：万元生产总值能耗降低率为2015年数据。

主要统计指标解释

县域经济是国民经济最基本的经济单元，也是整个社会经济发展的重要组成部分。2003年以前，陕西县域经济落后，无入全国百强县。为加快推进县域经济发展，2004年7月，省政府发布《陕西县域经济社会发展考核暂行办法》，统计部门负责监测指标体系的设计、数据收集、审核计算、汇总评估、结果发布等具体工作。2016年6月29日，省政府颁布了修订的《陕西省县域经济社会发展监测考评办法》（陕政发〔2016〕30号）。此外，省委、市委出台的鼓励激励、容错纠错、能上能下“三项机制”，均把县域经济社会发展监测考评结果作为机制运用的主要依据之一，县域经济社会发展统计监测是考评工作顺利开展的基础，任务繁重、责任重大。

十三、城市比较

13-1 省内各市区主要指标（2016年）

地 区	生产总值				规上工业增加值			
	总量（亿元）	位 次	增速（%）	位 次	总量（亿元）	位 次	增速（%）	位 次
西安市	6257.18	1	8.5	6	1178.39	2	9.9	4
铜川市	311.61	10	7.0	9	133.93	10	6.0	9
宝鸡市	1932.14	4	9.3	4	887.80	4	9.4	6
咸阳市	2396.07	3	7.7	7	1116.81	3	7.8	7
渭南市	1488.62	5	7.5	8	550.43	5	6.4	8
延安市	1082.91	7	1.3	11	529.80	6	-3.2	11
汉中市	**1156.49**	**6**	**9.0**	**5**	**353.71**	**8**	**9.5**	**5**
榆林市	2773.05	2	6.5	10	1606.08	1	3.8	10
安康市	851.85	8	11.3	1	360.50	7	16.0	1
商洛市	699.30	9	10.0	3	247.47	9	15.1	2
杨凌区	118.98	11	10.1	2	43.00	11	14.6	3

13-1 续表 1

地 区	地方财政收入				财政支出			
	总量（亿元）	位 次	增速（%）	位 次	总量（亿元）	位 次	增速（%）	位 次
西安市	641.07	1	11.1	3	942.52	1	2.8	9
铜川市	21.51	10	10.0	8	97.01	10	8.0	4
宝鸡市	75.16	5	11.0	4	283.06	6	7.2	5
咸阳市	81.54	4	10.9	5	338.92	4	12.9	1
渭南市	65.69	6	10.6	6	352.52	3	4.9	7
延安市	130.52	3	0.4	10	327.40	5	3.7	8
汉中市	**45.19**	**7**	**11.3**	**2**	**280.17**	**7**	**8.3**	**3**
榆林市	232.68	2	4.5	9	471.37	2	1.3	10
安康市	30.11	8	12.1	1	247.92	8	10.4	2
商洛市	26.77	9	10.2	7	193.63	9	6.7	6
杨凌区	9.32	–	10.9	–	25.13	–	6.6	–

13-1 续表 2

地区	全社会固定资产投资				社会消费品零售总额			
	总量（亿元）	位次	增速（%）	位次	总量（亿元）	位次	增速（%）	位次
西安市	5184.16	1	2.0	9	3730.70	1	9.6	9
铜川市	423.23	10	10.2	7	124.97	10	13.6	7
宝鸡市	3199.84	3	24.1	3	702.16	2	14.6	1
咸阳市	3643.74	2	19.1	5	688.55	3	14.5	2
渭南市	2289.51	4	10.6	6	574.01	4	14.1	5
延安市	1359.33	6	-15.4	10	256.45	7	6.4	10
汉中市	**1209.89**	**7**	**24.5**	**1**	**369.17**	**6**	**14.2**	**4**
榆林市	1467.45	5	6.0	8	420.05	5	6.0	11
安康市	926.37	9	24.2	2	249.81	8	14.0	6
商洛市	935.55	8	21.9	4	174.93	9	13.1	8
杨凌区	178.97	11	24.1	3	16.76	11	14.3	3

13-1 续表 3

地区	城镇常住居民人均可支配收入				农村常住居民人均可支配收入			
	总量（元）	位次	增速（%）	位次	总量（元）	位次	增速（%）	位次
西安市	35630	1	7.4	7	15191	1	8.0	4
铜川市	27594	7	8.0	3	9478	7	8.5	2
宝鸡市	31730	3	7.7	5	10287	6	8.2	3
咸阳市	31662	4	7.6	6	10481	5	8.2	3
渭南市	27485	8	7.9	4	9415	8	8.2	3
延安市	30693	5	7.4	7	10568	4	8.0	4
汉中市	**25595**	**10**	**8.3**	**1**	**8855**	**9**	**8.5**	**2**
榆林市	29781	6	7.3	8	10582	3	8.0	4
安康市	25962	9	8.2	2	8590	10	8.6	1
商洛市	25468	11	8.3	1	8358	11	8.5	2
杨凌区	35510	2	7.3	8	14959	2	8.5	2

13-2 周边各市主要指标（2016年）

地 区	生产总值				规上工业增加值	
	总量（亿元）	位 次	增速（%）	位 次	增速（%）	位 次
西安市	6257.18	1	8.5	4	9.9	3
宝鸡市	1932.14	2	9.3	2	9.4	6
安康市	851.85	5	11.3	1	16.0	1
广元市	660.01	6	8.0	6	9.7	4
巴中市	544.66	7	7.8	7	11.0	2
达州市	1447.08	3	7.5	8	7.6	8
陇南市	339.89	8	8.4	5	7.8	7
汉中市	**1156.49**	**4**	**9.0**	**3**	**9.5**	**5**

13-2 续表 1

地 区	地方财政收入				财政支出			
	总量（亿元）	位 次	增速（%）	位 次	总量（亿元）	位 次	增速（%）	位 次
西安市	641.07	1	11.1	4	942.52	1	2.8	8
宝鸡市	75.16	3	11.0	5	283.06	3	7.2	6
安康市	30.11	7	12.1	2	247.92	6	10.4	2
广元市	40.57	6	2.5	8	230.09	7	9.8	3
巴中市	44.29	5	13.5	1	267.19	5	8.6	4
达州市	84.66	2	8.5	7	359.11	2	10.7	1
陇南市	26.69	8	10.8	6	208.44	8	6.7	7
汉中市	**45.19**	**4**	**11.3**	**3**	**280.17**	**4**	**8.3**	**5**

13–2 续表 2

地区	全社会固定资产投资				社会消费品零售总额			
	总量（亿元）	位次	增速（%）	位次	总量（亿元）	位次	增速（%）	位次
西安市	5184.16	1	2.0	8	3730.70	1	9.6	7
宝鸡市	3199.84	2	24.1	3	702.16	3	14.6	1
安康市	926.37	6	24.2	2	249.81	7	14.0	3
广元市	618.35	8	6.0	7	331.07	5	11.6	6
巴中市	1194.57	5	15.9	4	287.42	6	13.0	5
达州市	1500.12	3	12.6	5	761.72	2	13.3	4
陇南市	654.02	7	10.7	6	99.50	8	9.6	7
汉中市	**1209.89**	**4**	**24.5**	**1**	**369.17**	**4**	**14.2**	**2**

13–2 续表 3

地区	城镇常住居民人均可支配收入				农村常住居民人均可支配收入			
	总量（元）	位次	增速（%）	位次	总量（元）	位次	增速（%）	位次
西安市	35630	1	7.4	8	15191	1	8.0	8
宝鸡市	31730	2	7.7	7	10287	3	8.2	7
安康市	25962	4	8.2	6	8590	7	8.6	4
广元市	25762	6	9.0	1	9819	5	9.8	1
巴中市	25950	5	8.8	3	9969	4	9.7	2
达州市	26016	3	8.9	2	11718	2	9.6	3
陇南市	20504	8	8.4	4	5859	8	8.4	6
汉中市	**25595**	**7**	**8.3**	**5**	**8855**	**6**	**8.5**	**5**

13-3 全国各省、直辖市、自治区主要指标（2016年）

地 区	年末常住人口（万人）		城镇人口比重（%）	
	2015年	2016年	2015年	2016年
全 国	137462	138271	56.10	57.35
北 京	2171	2173	86.50	86.50
天 津	1547	1562	82.64	82.93
河 北	7425	7470	51.33	53.32
山 西	3664	3682	55.03	56.21
内蒙古	2511	2520	60.30	61.19
辽 宁	4382	4378	67.35	67.37
吉 林	2753	2733	55.31	55.97
黑龙江	3812	3799	58.80	59.20
上 海	2415	2420	87.60	87.90
江 苏	7976	7999	66.52	67.72
浙 江	5539	5590	65.80	67.00
安 徽	6144	6196	50.50	51.99
福 建	3839	3874	62.60	63.60
江 西	4566	4592	51.62	53.10
山 东	9847	9947	57.01	59.02
河 南	9480	9532	46.85	48.50
湖 北	5852	5885	56.85	58.10
湖 南	6783	6822	50.89	52.75
广 东	10849	10999	68.71	69.20
广 西	4796	4838	47.06	48.08
海 南	911	917	55.12	56.78
重 庆	3017	3048	60.94	62.60
四 川	8204	8262	47.69	49.21
贵 州	3530	3555	42.01	44.15
云 南	4742	4771	43.33	45.03
西 藏	324	331	27.74	29.56
陕 西	**3793**	**3813**	**53.92**	**55.34**
甘 肃	2600	2610	43.19	44.69
青 海	588	593	50.30	51.63
宁 夏	668	675	55.23	56.29
新 疆	2360	2398	47.23	48.35

13-3 续表 1

单位：元

地 区	城镇居民人均可支配收入		农村居民人均可支配收入	
	2015年	2016年	2015年	2016年
全 国	31195	33616	11422	12363
北 京	52859	57275	20569	22310
天 津	34101	37110	18482	20076
河 北	26152	28249	11051	11919
山 西	25828	27352	9454	10082
内蒙古	30594	32975	10776	11609
辽 宁	31126	32876	12057	12881
吉 林	24901	26530	11326	12123
黑龙江	24203	25736	11095	11832
上 海	52962	57692	23205	25520
江 苏	37173	40152	16257	17606
浙 江	43714	47237	21125	22866
安 徽	26936	29156	10821	11720
福 建	33275	36014	13793	14999
江 西	26500	28673	11139	12138
山 东	31545	34012	12930	13954
河 南	25576	27233	10853	11697
湖 北	27051	29386	11844	12725
湖 南	28838	31284	10993	11930
广 东	34757	37684	13360	14512
广 西	26416	28324	9467	10359
海 南	26356	28453	10858	11843
重 庆	27239	29610	10505	11549
四 川	26205	28335	10247	11203
贵 州	24580	26743	7387	8090
云 南	26373	28611	8242	9020
西 藏	25457	27802	8244	9094
陕 西	**26420**	**28440**	**8689**	**9396**
甘 肃	23767	25694	6936	7457
青 海	24542	26757	7933	8664
宁 夏	25186	27153	9119	9852
新 疆	26275	28463	9425	10183

13-3 续表 2

单位：亿元

地区	一般公共预算收入		一般公共预算支出	
	2015年	2016年	2015年	2016年
全国	83002.0	87194.8	150335.6	160437.1
北京	4723.9	5081.3	5737.7	6405.2
天津	2667.1	2723.5	3232.4	3700.6
河北	2649.2	2850.8	5632.2	6038.0
山西	1642.4	1557.0	3423.0	3441.7
内蒙古	1964.5	2016.5	4253.0	4526.3
辽宁	2127.4	2199.3	4481.6	4582.4
吉林	1229.4	1263.8	3217.1	3586.1
黑龙江	1165.9	1148.4	4020.7	4228.2
上海	5519.5	6406.1	6191.6	6918.9
江苏	8028.6	8121.2	9687.6	9990.1
浙江	4809.9	5301.8	6646.0	6976.3
安徽	2454.3	2672.8	5239.0	5529.9
福建	2544.2	2654.8	4001.6	4287.4
江西	2165.7	2151.4	4412.5	4619.5
山东	5529.3	5860.2	8250.0	8749.6
河南	3016.1	3153.5	6799.4	7456.6
湖北	3005.5	3102.0	6132.8	6453.1
湖南	2515.4	2697.9	5728.7	6337.0
广东	9366.8	10346.7	12827.8	13414.4
广西	1515.2	1556.2	4065.5	4472.5
海南	627.7	637.5	1239.4	1378.4
重庆	2154.8	2227.9	3792.0	4001.9
四川	3355.4	3389.4	7497.5	8011.9
贵州	1503.4	1561.3	3939.5	4261.7
云南	1808.1	1812.3	4712.8	5019.6
西藏	137.1	155.6	1381.5	1585.5
陕西	**2060.0**	**1834.0**	**4376.1**	**4389.4**
甘肃	743.9	786.8	2958.3	3152.7
青海	267.1	238.4	1515.2	1522.6
宁夏	373.4	387.7	1138.5	1257.7
新疆	1330.9	1299.0	3804.9	4140.7

注:本表数据为地方财政本级收入。

13-3 续表 3

（上年=100）

地 区	居民消费价格指数	食品烟酒	衣 着	居 住	生活用品及服务	交通和通信	教育文化和娱乐	医疗保健	其他用品和服务
全 国	102.0	103.8	101.4	101.6	100.5	98.7	101.6	103.8	102.8
北 京	101.4	103.0	100.2	103.7	99.2	96.6	98.3	102.6	104.3
天 津	102.1	102.1	100.1	103.6	99.4	98.3	100.6	108.8	103.8
河 北	101.5	102.6	101.8	100.7	100.5	98.3	101.3	104.4	103.3
山 西	101.1	102.8	101.0	99.9	100.0	98.3	101.3	102.4	101.2
内蒙古	101.2	102.2	101.4	100.0	100.1	98.9	100.7	104.4	101.8
辽 宁	101.6	102.5	101.4	100.5	100.7	99.8	102.8	102.5	101.6
吉 林	101.6	103.2	101.8	99.7	100.5	98.7	100.6	106.1	102.2
黑龙江	101.5	102.6	101.0	100.0	100.4	100.0	101.7	103.7	102.1
上 海	103.2	103.7	100.8	105.1	101.2	97.0	102.7	109.0	103.3
江 苏	102.3	103.8	101.8	101.2	101.6	98.8	100.9	109.1	102.7
浙 江	101.9	104.4	101.5	101.0	100.2	98.7	102.7	101.3	102.5
安 徽	101.8	103.7	100.8	101.1	100.2	97.6	102.3	103.6	102.3
福 建	101.7	103.9	100.3	100.7	99.8	99.4	101.2	102.9	102.5
江 西	102.0	104.4	100.9	101.0	100.1	98.8	101.5	102.7	102.6
山 东	102.1	103.6	101.7	100.9	100.8	99.6	101.9	104.9	102.9
河 南	101.9	103.2	100.7	102.2	100.2	98.3	102.4	102.8	103.9
湖 北	102.2	104.0	102.3	102.8	100.4	97.2	102.2	101.9	102.8
湖 南	101.9	104.3	101.5	101.2	100.0	98.4	100.8	103.1	101.6
广 东	102.3	104.8	102.7	101.7	100.2	98.5	101.4	102.8	102.8
广 西	101.6	103.4	101.3	100.3	99.9	98.8	101.6	103.7	101.9
海 南	102.8	105.1	97.9	102.6	100.8	98.5	103.0	104.4	103.6
重 庆	101.8	103.6	102.4	101.1	100.6	100.6	99.5	101.8	102.6
四 川	101.9	104.1	100.6	101.2	100.3	98.6	102.5	101.6	102.9
贵 州	101.4	103.6	99.6	100.8	99.9	98.7	101.3	101.5	101.0
云 南	101.5	103.5	100.2	101.2	100.0	99.3	100.7	102.4	101.3
西 藏	102.5	104.9	103.2	100.8	101.5	99.5	101.1	102.1	103.1
陕 西	101.3	103.1	101.1	100.9	99.5	98.3	100.0	102.4	102.2
甘 肃	101.3	103.2	101.4	100.8	100.4	99.0	100.0	100.8	101.5
青 海	101.8	102.3	101.2	105.2	100.4	97.3	100.6	102.6	102.4
宁 夏	101.5	102.4	101.7	100.4	100.3	98.6	102.2	102.9	103.2
新 疆	101.4	101.9	101.3	101.2	100.6	99.3	101.6	102.7	103.1

13-3 续表 4

单位：亿元

地 区	全社会固定资产投资		固定资产投资（不含农业）	
	2015年	2016年	2015年	2016年
全 国	561999.83	606465.66	551590.04	596500.75
北 京	7495.99	7943.89	7446.02	7888.69
天 津	11831.99	12779.39	11814.57	12756.36
河 北	29448.27	31750.02	28905.74	31340.07
山 西	14074.15	14197.98	13744.59	13859.35
内蒙古	13702.22	15080.01	13529.15	14893.96
辽 宁	17917.89	6692.25	17640.37	6436.33
吉 林	12705.29	13923.20	12508.59	13773.17
黑龙江	10182.95	10648.35	9884.28	10432.55
上 海	6352.70	6755.88	6349.39	6751.68
江 苏	46246.87	49663.21	45905.17	49370.85
浙 江	27323.32	30276.07	26664.72	29571.00
安 徽	24385.97	27033.38	23803.93	26577.37
福 建	21301.38	23237.35	20973.98	22927.99
江 西	17388.13	19694.21	16993.90	19378.69
山 东	48312.44	53322.94	47381.46	52364.49
河 南	35660.35	40415.09	34951.28	39753.93
湖 北	26563.90	30011.65	26086.42	29503.88
湖 南	25045.08	28353.33	24324.17	27688.45
广 东	30343.03	33303.64	29950.48	32947.30
广 西	16227.78	18236.78	15654.95	17652.95
海 南	3451.22	3890.45	3355.40	3747.03
重 庆	14353.24	16048.10	14208.15	15931.78
四 川	25525.90	28811.95	24965.56	28229.79
贵 州	10945.54	13204.00	10676.70	12929.17
云 南	13500.62	16119.40	13069.39	15662.49
西 藏	1295.68	1596.05	1295.68	1596.05
陕 西	**18582.24**	**20825.25**	**18231.03**	**20474.85**
甘 肃	8754.23	9663.99	8626.60	9534.10
青 海	3210.63	3528.05	3144.17	3455.51
宁 夏	3505.45	3794.25	3426.42	3709.04
新 疆	10813.03	10287.53	10525.42	9983.86

注：本表各地区固定资产投资不含跨省项目，括号内数据为陕西含跨省项目投资额。

13-3 续表 5

单位：亿元

地区	房地产开发投资额		商品房销售额		#住宅	
	2015年	2016年	2015年	2016年	2015年	2016年
全国	95978.8	102580.6	87280.8	117627.0	72769.8	99064.2
北京	4177.0	4000.6	3517.6	4561.6	2512.9	2795.8
天津	1871.5	2300.0	1790.0	3478.2	1663.3	3245.6
河北	4285.3	4695.6	3371.6	4301.8	2854.2	3710.9
山西	1494.9	1597.4	775.6	1027.1	702.3	900.8
内蒙古	1081.1	1133.5	1052.2	1149.1	766.1	838.1
辽宁	3558.6	2094.8	2255.0	2256.9	1907.6	1988.0
吉林	924.2	1016.8	816.9	1029.6	680.3	806.5
黑龙江	992.1	864.8	1027.1	1121.0	824.2	903.7
上海	3468.9	3709.0	5093.5	6695.8	4319.9	5233.3
江苏	8153.7	8956.4	8396.2	12293.0	7374.9	11055.4
浙江	7111.9	7469.4	6299.5	9605.1	5519.3	8280.8
安徽	4424.9	4603.6	3369.4	5035.5	2714.3	4231.6
福建	4469.6	4588.8	3585.8	4530.8	2839.8	3793.4
江西	1520.1	1770.9	1863.7	2678.4	1606.7	2207.2
山东	5892.2	6323.4	5408.0	6902.9	4510.8	6070.5
河南	4818.9	6179.1	3945.6	5612.9	3300.3	4839.0
湖北	4249.2	4296.4	3661.4	4994.1	3198.5	4383.8
湖南	2613.7	2957.0	2738.9	3751.9	2253.8	3113.6
广东	8538.3	10307.8	11442.8	16214.6	9967.3	14240.3
广西	1909.1	2398.0	1747.8	2207.5	1459.4	1948.2
海南	1704.0	1787.6	982.8	1490.2	908.6	1385.3
重庆	3751.3	3725.9	2952.2	3432.0	2244.4	2635.6
四川	4813.0	5282.6	4199.8	5358.9	3269.5	4296.3
贵州	2205.1	2149.0	1571.7	1790.5	1068.1	1269.4
云南	2669.0	2688.3	1666.9	1917.8	1236.8	1411.4
西藏	50.0	48.5	21.1	38.1	16.7	34.7
陕西	**2494.3**	**2736.8**	**1597.4**	**1785.2**	**1381.3**	**1585.7**
甘肃	768.1	850.0	704.9	873.5	603.1	712.3
青海	336.0	396.9	206.0	236.4	139.8	172.1
宁夏	633.6	728.2	370.3	409.7	284.0	325.9
新疆	998.9	923.4	849.2	846.8	641.6	648.9

13-3 续表 6

地区	农林牧渔业总产值（亿元）	#农业	#林业	#牧业	#渔业	农林牧渔业总产值比上年增长（%）
全国	112091.3	59287.8	4631.6	31703.2	11602.9	3.5
北京	338.1	145.2	52.2	122.7	9.2	-9.9
天津	494.4	244.3	8.4	140.9	89.0	3.3
河北	6083.9	3459.4	132.3	1939.2	211.0	3.5
山西	1534.0	958.1	100.3	376.2	9.9	3.2
内蒙古	2794.2	1415.1	98.6	1202.9	33.0	3.1
辽宁	4421.8	1859.5	143.7	1575.7	639.6	-2.6
吉林	2724.9	1232.0	107.2	1252.8	43.0	3.2
黑龙江	5197.8	2873.9	219.9	1854.8	129.2	5.5
上海	285.1	148.5	13.2	62.6	50.2	-9.2
江苏	7235.1	3714.6	129.3	1331.5	1621.9	0.8
浙江	3146.1	1521.2	158.1	434.3	962.0	2.5
安徽	4655.5	2234.1	291.1	1375.7	513.2	3.4
福建	4155.7	1782.0	315.1	681.7	1235.5	3.7
江西	3130.3	1446.9	324.6	788.6	458.9	4.1
山东	9325.9	4641.3	147.5	2540.8	1485.6	4.4
河南	7799.7	4577.2	121.3	2611.3	128.3	4.5
湖北	6278.4	2921.3	203.4	1715.2	1030.0	4.9
湖南	6081.9	3255.1	321.6	1762.7	396.7	3.6
广东	6078.4	3134.4	314.7	1221.8	1195.6	2.9
广西	4591.4	2347.9	323.5	1266.4	464.2	3.3
海南	1470.4	695.6	100.0	267.1	353.8	4.3
重庆	1968.3	1151.8	73.4	627.4	85.3	4.5
四川	6831.1	3711.0	219.1	2551.7	223.9	4.0
贵州	3097.2	1888.6	195.0	797.2	68.7	6.2
云南	3633.1	1943.6	330.4	1141.8	94.2	5.8
西藏	173.0	52.2	2.4	113.8	0.2	12.6
陕西	**2985.8**	**2027.6**	**85.5**	**695.9**	**26.2**	**4.1**
甘肃	1778.0	1274.7	30.8	299.7	2.2	4.2
青海	338.8	155.5	8.3	165.7	3.3	5.4
宁夏	493.6	311.9	10.1	131.7	17.0	4.4
新疆	2969.7	2163.1	50.3	653.2	22.2	6.0

注：本表绝对数按当年价格计算，增长速度按可比价格计算。

13-3 续表 7

单位：万吨

地区	粮食	油料	棉花	蔬菜	水果	肉类	奶类
全国	61625.0	3629.5	530.0	79779.7	28351.1	8537.8	3712.1
北京	53.7	0.6	0.01	183.6	79.0	30.4	45.7
天津	196.4	1.6	2.3	450.4	61.5	45.5	68.0
河北	3460.2	156.5	30.0	8193.4	2138.5	457.7	448.0
山西	1318.5	15.4	1.0	1294.5	840.8	84.4	95.9
内蒙古	2780.3	220.0	0.0	1502.3	316.3	258.9	741.3
辽宁	2100.6	81.3	0.11	2257.5	802.3	430.9	144.2
吉林	3717.2	82.5		852.4	241.1	260.4	53.4
黑龙江	6058.5	21.7		936.8	259.9	231.2	548.6
上海	99.2	0.9	0.0	334.2	50.6	17.4	26.0
江苏	3466.0	131.9	7.4	5593.9	893.0	355.6	59.0
浙江	752.2	29.1	1.7	1865.1	724.3	118.1	15.3
安徽	3417.4	214.8	18.5	2774.7	1043.5	411.4	32.7
福建	650.9	31.0	0.01	1951.6	853.8	225.6	15.9
江西	2138.1	122.0	7.3	1420.2	617.4	330.9	13.5
山东	4700.7	326.8	54.8	10327.0	3255.4	777.5	276.8
河南	5946.6	619.1	9.8	7807.6	2871.3	697.0	336.6
湖北	2554.1	329.8	18.8	4001.7	1010.4	425.2	16.9
湖南	2953.2	242.9	12.3	4196.4	1048.2	529.8	10.1
广东	1360.2	113.3		3569.1	1717.0	415.5	13.0
广西	1521.3	68.9	0.3	2928.8	1882.5	411.2	9.7
海南	177.9	11.2		579.8	395.4	76.3	0.2
重庆	1166.0	62.7		1875.1	408.7	210.8	5.5
四川	3483.5	311.3	0.9	4388.6	979.3	696.3	62.8
贵州	1192.4	103.4	0.1	1878.5	243.9	199.3	6.4
云南	1902.9	68.5		1968.6	759.1	375.6	64.1
西藏	101.9	6.2		70.7	1.5	27.7	34.7
陕西	**1228.3**	**63.8**	**3.4**	**1896.2**	**2017.8**	**111.7**	**189.1**
甘肃	1140.6	76.0	2.0	1951.5	738.0	97.3	40.7
青海	103.5	30.0		170.0	4.0	36.0	34.2
宁夏	370.6	14.7		593.1	305.8	30.9	139.5
新疆	1512.3	71.4	359.4	1966.5	1790.9	161.0	164.4

注：水果产量含果用瓜。

13-3 续表 8

地区	原煤（万吨）	原油（万吨）	天然气（亿立方米）	水泥（万吨）	粗钢（万吨）	钢材（万吨）	汽车（万辆）	发电量（亿千瓦小时）
全国	341060.4	19968.5	1368.7	241352.6	80836.6	113801.2	2811.9	61424.9
北京	317.6		21.7	510.3		162.8	238.0	434.4
天津	0.0	3273.3	19.7	788.6	1798.9	8667.1	52.9	617.5
河北	6484.3	546.0	7.8	9898.6	19260.0	26150.4	128.6	2630.6
山西	83043.7		43.2	3851.5	3936.1	4279.0	0.7	2535.1
内蒙古	84558.9	44.9	0.3	6298.4	1813.2	2016.8	2.1	3949.8
辽宁	4169.7	1017.3	5.5	4011.0	6029.0	5906.3	107.9	1778.8
吉林	1684.1	610.7	19.8	3086.8	832.0	961.4	254.0	760.3
黑龙江	5890.5	3656.0	38.0	3381.0	372.3	332.8	7.6	900.4
上海	0.0	6.5	2.0	418.4	1709.1	2080.1	260.8	807.3
江苏	1367.9	166.0	1.3	18038.1	11080.5	13469.7	138.6	4709.4
浙江	0.0			10848.0	1299.6	3760.9	58.1	3197.7
安徽	12235.6		3.4	13584.1	2731.3	3225.8	139.1	2252.7
福建	1383.9			8106.0	1516.8	2859.6	21.8	2007.4
江西	1556.8		0.2	9553.3	2241.5	2585.0	53.6	1085.4
山东	12817.6	2295.3	4.2	16156.1	7167.1	9788.2	86.9	5329.3
河南	11946.8	315.7	3.3	15672.1	2849.5	4667.9	58.5	2652.7
湖北	593.9	58.1	1.3	11600.5	2948.5	3563.8	243.5	2479.0
湖南	2787.2			12239.7	1827.8	1998.7	47.7	1385.1
广东	0.0	1556.3	79.2	15080.6	2283.2	4113.3	280.1	4263.7
广西	432.5	47.4	0.2	12034.9	2109.6	3644.7	245.3	1346.5
海南	0.0	29.4	1.4	2227.9	27.6	36.3	6.7	287.7
重庆	2437.0		51.7	6790.2	366.5	1234.2	266.3	701.2
四川	6164.8	10.8	296.9	14615.5	2007.7	2837.2	53.0	3273.9
贵州	16850.6		3.4	10798.5	515.9	526.2	1.6	1904.0
云南	4586.9		0.02	11104.4	1417.3	1654.7	13.3	2692.5
西藏	0.0			623.3		1.8		54.5
陕西	**51151.4**	**3502.4**	**411.9**	**7555.9**	**924.7**	**1233.8**	**42.0**	**1734.8**
甘肃	4254.3	40.4	0.1	4640.4	628.4	665.9	1.2	1214.3
青海	787.3	221.0	60.8	1895.4	114.9	125.1		553.0
宁夏	7069.3	6.2		1984.7	159.2	164.1		1144.4
新疆	16073.1	2564.9	291.2	4250.2	868.4	1087.6	2.1	2719.1

13-3 续表 9

地区	社会消费品零售总额（亿元）		进出口总额（亿美元）		出口总额（亿美元）	
	2015年	2016年	2015年	2016年	2015年	2016年
全　国	300930.8	332316.3	39530.3	36855.7	22734.7	20981.5
北　京	10338.0	11005.1	3194.4	2820.3	546.7	518.4
天　津	5257.3	5635.8	1142.8	1026.5	511.6	442.9
河　北	12990.7	14364.7	515.1	466.2	329.3	305.8
山　西	6033.7	6480.5	146.8	166.4	84.2	99.3
内蒙古	6107.7	6700.8	127.3	116.2	56.5	43.7
辽　宁	12787.2	13414.1	959.5	865.2	507.1	430.7
吉　林	6651.9	7310.4	188.8	184.4	46.1	42.1
黑龙江	7640.2	8402.5	210.1	165.4	80.4	50.4
上　海	10131.5	10946.6	4492.4	4338.4	1959.1	1834.7
江　苏	25876.8	28707.1	5455.6	5095.3	3386.4	3192.7
浙　江	19784.7	21970.8	3467.8	3365.0	2763.3	2678.6
安　徽	8908.0	10000.2	478.4	443.3	322.7	284.4
福　建	10505.9	11674.5	1688.5	1568.5	1126.8	1036.8
江　西	5925.5	6634.6	424.0	400.8	331.2	298.1
山　东	27761.4	30645.8	2406.1	2342.1	1439.3	1371.6
河　南	15740.4	17618.4	737.8	711.9	430.6	427.9
湖　北	14003.2	15649.2	455.5	393.5	292.1	260.2
湖　南	12024.0	13436.5	293.0	262.5	191.4	176.7
广　东	31517.6	34739.1	10225.0	9555.1	6431.7	5988.6
广　西	6348.1	7027.3	510.9	478.3	279.3	229.6
海　南	1325.1	1453.7	139.7	113.3	37.4	21.2
重　庆	6424.0	7271.4	744.7	627.7	551.9	406.9
四　川	13877.7	15601.9	511.9	493.2	330.9	279.3
贵　州	3283.0	3709.0	122.2	56.9	99.5	47.4
云　南	5103.2	5722.9	244.9	198.9	166.2	114.8
西　藏	408.5	459.4	9.1	7.8	5.9	4.7
陕　西	**6578.1**	**7367.6**	**305.0**	**299.2**	**147.9**	**158.3**
甘　肃	2907.2	3184.4	79.5	68.8	58.1	40.9
青　海	691.0	767.3	19.3	15.2	16.4	13.7
宁　夏	789.6	850.1	37.4	32.7	29.6	25.0
新　疆	2606.0	2825.9	196.7	176.6	175.0	156.1